令和怪談集
恐の胎動

クダマツヒロシ

竹書房
怪談
文庫

※本書は体験者および関係者に実際に取材した内容をもとに書き綴られた怪談集です。体験者の記憶と主観のもとに再現されたものであり、掲載するすべてを事実と認定するものではございません。あらかじめご了承ください。
※本書に登場する人物名は、様々な事情を考慮してすべて仮名にしてあります。また、作中に登場する体験者の記憶と体験当時の世相を鑑み、極力当時の様相を再現するよう心がけています。今日の見地においては若干耳慣れない言葉・表記が記載される場合がございますが、これらは差別・侮蔑を助長する意図に基づくものではございません。

祝い事

長年膵臓《すいぞう》を患っていた真野さんの父がいよいよ亡くなり、近所の斎場で親族だけを集めた小さな葬儀が執り行われた。

出棺を終えたあと火葬場へ移動するため、参列者がマイクロバスにぞろぞろと乗り込む。父の遺影を抱えた真野さんは、同じく位牌を抱いた母と共に一番最後に乗り込み、運転席のすぐ後ろの席に座った。全員を乗せたことをスタッフが確認し、バスが出発する。

片道二十分。街中を抜けて少し山に分け入った先に焼き場はある。バスに揺られながらぼんやりと外を眺めていると、慣れない疲れと緊張のためか真野さんはいつのまにか眠ってしまっていた。

目を覚ますとバスは山道に差し掛かったところだった。先ほどまでの青く抜けた空はいつのまにか曇天に変わり、雨が窓を濡らし始めている。

――けど……ねぇ。

――よ……から。

押し殺したような小さな声がすぐ後ろの席から聞こえてきた。叔母か誰かが隣の席同士で話しているのだろう。

――に……やらんと。

――となぁ。

――けども……いねぇ。

ぼんやりとした頭に朧《おぼろ》げな会話が響く。

――ほんまに……たいねぇ。

――ほんまに……たいねぇ。

「ほんまにめでたいねぇ」

声に驚き咄嗟《とっさ》に振り返る。

しかし、叔母がいるとばかり思っていた真後ろの席にはいくつかの荷物があるだけだ。

その後ろの席には叔父と従兄弟《いとこ》が座っているが、二人ともイビキをかいて眠っている。

――違う。聞こえていたのは女の声だ。

叔母たち女性陣は一番後ろの席で静かに座っている。

寝ぼけて変な夢でも見たのかと前を向いて座り直すとまた声が聞こえた。

「めでたいめでたい」

「めでたいめでたい」

「ほほほ」

「ほほほ」


もう振り向く勇気はなかった。

焼き場に着くまでの数分間、姿のない何者かは背後で笑い続けていたという。

納骨を済ませ、全ての参列者を見送ったあと母と二人自宅へ戻った。真野さんが玄関を開けるとなにやら良い匂いがリビングから漂ってくる。

「ご飯、炊いてきたの？」

母にしては準備が良い。実際、朝から葬儀の準備に追われてほとんど何も口にしていないのだ。

「炊いてないよ……」

母が不安げな顔で告げる。

恐る恐るキッチンを覗くと、炊飯器の中に覚えのない炊きたての〈赤飯〉が大量にあった。

腹は減っていたが、すぐにゴミ箱へ捨てたという。

御厨子開帳

「ホルモンが無理だね。ホルモン。……腸系は全部ダメ。マルチョウとかシマチョウとかあるでしょ。無理無理。見るのも嫌だもの」

そう語る佐藤さん唯一の体験談である。


数年前、佐藤さんが京都へ一人旅に出掛けたときのことだ。

好きが高じてここ十年ほど、全国各地の神社仏閣を巡り歩いていた佐藤さんではあったが、京都に訪れたのは今回が初めてであった。

二日目の朝、予定より早く目が覚めた佐藤さんは朝食までの間、少し散策してみようと思い立った。早朝のまだ薄暗い古都には、観光客で賑わいを見せる日中とはまた違った雰囲気がある。

ホテルを一歩出ると、その日まだ誰にも触れていない新鮮で冷たい空気が佐藤さんの肺を満たしてくれた。

昔ながらの平屋を横目に楽しみながら、鼻歌混じりで小路を進む。

時間のせいか通行人も少なく神社仏閣の類いは軒並み閉じられていたが、しばらく歩くと一つだけ、門が開放されている小さな寺を見つけた。

「全然知らない、聞いたこともないような寺でね。でも覗いてみたら結構な数の参拝客が居たんだよ」


時刻は朝の五時過ぎである。こんな早い時間にもかかわらず、まだ陽の昇らない薄暗闇の境内は人で賑わっており、正面にある本堂へ続く階段には長い行列ができている。

何か行事でもやっているのだろうか、と入口脇にある掲示板を見ると、そこには一枚の紙が貼り出されていた。

〈御厨子《みずし》開帳〉と書いてある。

なるほど、これはタイミングが良い。珍しい仏像が見られるかもしれないと踏んだ佐藤さんは、さっそく寺の境内に踏み入って行列の最後尾に着いた。

季節は春先で寒さはだいぶ和らいだとはいえ、朝方はまだまだ冷え込む。

一つ前には中年の女性が並んでおり、佐藤さんが列に加わったのを見てこちらに顔を向けた。

「あなたラッキーね」

ラッキー？　……まぁ確かにそうかもしれない。自分は散歩中に偶然通りかかったのだから、それで珍しい仏像を拝めるのであれば運がいい。

「あぁ、そうですね。いやぁ運がいいです」

「羨ましいわ。実は私もだったのよ。〈タクタイ〉のときに」

タクタイ、という聞き慣れぬ言葉に、一瞬何のことを言っているのか理解できなかった。しかしすぐにある言葉が頭に浮かぶ。

——託胎。いつだったか図書館で借りた〈仏教用語全集〉の項《こう》で見たことがある。

確か母胎に胎児が宿ることを指す言葉だ。托生《たくしょう》や入胎《にったい》ともいうらしいが、それのことだろうか。もしくは全くの見当違いで、別の言葉を指しているのだろうか。けれどもそれ以外同じ発声の言葉は思い当たらなかった。

過去にここで関連する行事があったのだろうか。そんなことを考えていると、女性はニコニコとしながらまた前を向いてしまったので、結局聞けずじまいとなった。まぁいいかと周りに目をやると、敷地内の脇に小さな寺務所が見えた。こんな時間からも営業を開始しているようでそちらにも参拝客が数人並んでいる。

その後、列にしばらく並んでいると自分の番が回ってきた。早速本堂の前に立ち、中を覗いてみたのだが、不思議なことに堂の中は電気は点いているものの誰の姿もない。仏像が収められていると思われる御厨子は祭壇にあるのだが、その外装はあまり目にしたことのないものだった。黒塗りのかなり大きな厨子で、煌《きら》びやかな装飾は一切ない。大の大人の背丈より高く、横幅も広いそれはもっぱら厨子というより、どこぞの事務所で保管されている厳重な金庫みたいだ。金の延べ棒でも入ってそうだなと思いつつ観察してみる。

恐らく収められている仏像も大型のものなのだろうが、重々しい両開きの扉は閉じられたままで、祭壇には他に何も見当たらない。

ひっそりとしたがらんどうの本堂に違和感を覚えつつも、鰐口《わにぐち》を鳴らすため綱を掴む。

——ぶじゅう。

湿った音と粘膜に触れたような感触で思わず手を離す。

見ると手のひらにべったりと赤黒い煮凝《にこご》りのようなものが付着し、粘っこい糸を引いている。

同時に強烈な悪臭が鼻をつき、反射的に身を引いた。

「ニオイってさ、一定のラインを越えるとブン殴られたみたいな衝撃に変わるんだよ。吸い込んだ瞬間に脳ミソが拒絶すんの。『これ駄目だ、危険だ』って。クサイっていうより『痛い』だな、ありゃ。まぁとにかく嗅いだことない最悪な臭いだった。例えるなら……そうだな」

歌舞伎町を丸ごと煮詰めて鼻に突っ込んだ、みたいな――。

いわく、想像を絶するような不快な臭いだったらしい。凄まじい悪臭に思いきり鼻先を殴られ、佐藤さんが思わず顔を背ける。

ぶえぇ……！

むせ返りながらも視線を上げて凍りついた。

「デカい内臓みたいなのが、天井から吊ってあんの」

佐藤さんが綱だと思い掴んだそれは、長く伸びた動物の腸管のようなものだった。

しかしサイズが大きすぎる。

背丈をゆうに超える規格外の腸管がらせん状にねじれて天井から降りている。それはつい今しがた体内から引きずり出されたみたいに濛々《もうもう》と、白い湯気に巻かれていた。

表面には細い血管のような筋が走った薄皮が見える。そこから黄色い分泌液が染み出し、佐藤さんの足元にボタボタと滴っていた。

立ち昇る臭気が肺まで入った瞬間、佐藤さんの胃が壊れたポンプみたいにびくびくと収縮する。咄嗟に口元を押さえると、手のひらに付いていた粘っこい汁が口に入ってしまい激しくえずく。

その瞬間だった。

――カチン。

本堂の奥で硬く小さな音が鳴る。

見ると祭壇にはラジカセが一つ置いてあった。

さっきまでは無かったはず。いつの間に？

ラジカセからは妙な音が聞こえている。酷く不明瞭で、くぐもった読経の声。

佐藤さんは立ちすくんだまま、目の前の巨大な腸管とラジカセを交互に見つめるしかできなかった。

そのとき、ふらりと腸管が小さく揺れた。

読経が徐々に大きくなり、それに呼応するように腸管の揺れがぐらりぐらりと大きくなる。

――幻覚だ。幻覚。こんなことはあり得ない。

激しく揺れる腸管が天井に備え付けられた鰐口にぶつかり、ごぉんごぉんと音を立てる。

すぐにでも逃げ出したかった。

しかし、足はその場に根を生やしたみたいに全く動かない。

ぱたたたっ。

揺れる腸管が顔を掠《かす》め、粘ついた飛沫が頬に掛かる。瞬間、硬直していた両足に感覚が戻った。

胃液がせり上がるのをなんとか堪えながら、背中を丸めてヨタヨタと階段を下りる。

――夢だ。夢。全部夢。夢夢夢。

背後でぎぃ、と厨子の扉が開く音がする。

見てはいけない。見たら終わる――。

助けを求めて敷地を見回すが、先ほどまでいた参拝客はどこにも見当たらない。

寺務所の電気も消えている。薄暗い敷地には、自分以外の一切の気配が感じられなかった。

なんとか門の前までたどり着き振り返る。煌々とした明かりに照らされた巨大な腸管が、階段上で狂ったように揺れている。

あの強烈な悪臭が風に乗って鼻腔まで届き、再び胃がぎゅうぅ、と縮む。

吐く。吐く――。

ぶちゅんっ。

突然、水風船が割れるような音が辺りに響き、まるで見えないハサミで断ち切ったように揺れる腸管が根元で裂けた。裂けた反動で腸管は散水機みたいに四方に汁をまき散らし、ブーメランみたく回転しながら階段の中腹辺りまで吹き飛んだ。

そのまま勢いよく床に叩きつけられ、ピクリとも動かなくなった。


一部始終を見た佐藤さんはその場にへたり込み、胃の中のものを全て床へぶちまけた。痙攣《けいれん》した胃が散々しごきあげられる。

胃がカラになった頃、ようやく顔を上げると、先ほどまで大音量で鳴っていた読経は止まっており、堂の灯りも消えていた。

それどころか、あの巨大な腸管の残骸もその一切が見当たらなくなっていたそうだ。

——あぁ、終わった。

そう感じると同時に、足元に広がる自分の吐瀉物を見て夢ではないのだ、とも思ったという。

佐藤さんは今でも酷い悪夢に悩まされることがある。

夢の中で何度も何度も、あの寺を訪れる。堂の前であの巨大な腸管がぐらりぐらりと揺れ続け、最後にぶちゅんと断ち切れる。という夢——。

余程のトラウマなのか悪夢にうなされている間に吐いているらしく、翌朝はベッドが吐瀉物まみれの悲惨な状態になっている。それを見てまたあの悪臭が蘇り、トイレに駆け込みゲェゲェと便器にしがみつく。

「そんなだからさ、俺ホルモンが無理なんだよ。うぇ……思い出したらまた気持ち悪くなってきた……なぁ、もういいだろ……これ以上は勘弁してくれ」

眉をひそめる佐藤さんに丁寧に礼を述べつつ、一つ気になっていたことを聞いてみた。

「……子供を宿すのが〈託胎〉なら『生まれる』ってのは仏教用語でなんて言うんですかね？」

「……どういう意味？」

「いやほら、腸とかホルモンって『へその緒』とも似てるじゃないですか」

「へその緒……」

「そう。へその緒。あれって、胎児が生まれたらすぐにハサミでバチンって切っちゃうじゃないですか。だからなんとなくへその緒みたいだなって」

佐藤さんの顔がみるみる曇っていく。が無視して続ける。

「知ってます？　へその緒って胎盤と一緒で食べれるらしいんですよ。もちろん食ったことないですけど。でもホルモンみたいにタレとか付けたら案外イケるのかも。あと男性にも『つわり』ってあるみたいです。佐藤さんずっと吐いてるから、もしかしてツワってんじゃないですか？　いや、あくまで想像です！　想像！　想像妊娠！　ははは」

「……俺、ホントに今、殺したいよ……お前のこと」

佐藤さんはその日一番低いトーンで呟き、それきり何も話してくれなくなってしまった。

散眼

「寄り目遊び」というものをご存じだろうか。

両目の真ん中に黒目を寄せる、簡単な遊びである。

最近はＳＮＳ上で、若者を中心とした「寄り目チャレンジ」なるものも流行しているらしい。

しかし、目は体の中でも繊細かつ、小さな筋肉が多く集合している部分でもある。

視点を内側へ向ける〈内直筋〉と、外側へ向ける〈外直筋〉があり、それらが収縮し神経を通してピントを合わせるためのバランスを取っている。そこに負荷をかけるということは、なんらかの悪影響を及ぼすことは想像にたやすい。やり過ぎると元に戻らなくなる危険性もあるそうで、そういった状態を「急性内斜視」と呼ぶそうだ。

この遊びをして、親や学校の先生から「目が悪くなるからやめろ」と注意されたことがある方も少なからずいるだろう。けれどもそんな注意も真に受けず、熱中した小学生が次に考えることはだいたい同じだ。

『寄せれるってことは、逆はどうだろう？』

竹内さんも小学生当時、この遊びに夢中になった時期があったそうだ。しかし寄り目は出来ても、やはり眼球を自力で左右に離すことは出来なかった。けれど周囲に一人だけこの芸当が出来る人物がいたという。

アキくんという親戚の男の子だ。

竹内さんとアキくんは従兄弟関係にあたる。一人っ子の竹内さんにとってはまるで本当の兄のような存在で、盆や正月などには彼に会えることを何よりの楽しみにしていたのだという。

ある年の正月。

祖母の家で過ごしていた竹内さんは、ふざけてアキくんに寄り目をして見せた。すると「じゃあこれはできるか？」と、アキくんがいとも簡単に眼球を左右の端に離して見せたのだ。

カメレオンみたいに眼球をきょろきょろと別々に動かす彼に、竹内さんは「すげぇ！　すげぇ！」と興奮して喜んだ。

しかし自慢げに両目を動かすアキくんを見ているうち、だんだんとそれが気味悪く思えてきた。簡単にいえば、想像より数倍キモかったのだ。

完全に引いてしまった竹内さんとは対照的に、「すごい」と称賛されたことでテンションが上がったアキくんは竹内さんの冷めた視線を知ってか知らずか、その状態で手足をくねらせて当時流行《はや》っていた歌を歌いながら踊り始めた。


「赤上げてぇ～！　タコ上げてぇ～！　グーチョキパーでぇ～、ジャンケンよぉ～！」

充血した両目を必死に剥《む》きながらアキくんがタコのように踊る。

その姿はもはや〈ひょうきんな小学生〉とは呼べないほど気味の悪いものだった。

「ジャンケン！　ジャンケン！　タコ上げよぉ～！」

「アキくん、アキくん」

「ぱっぱっぱっぱっ！　アイヤッ！　アイヤッ！　アイヤッ！」

「アキくんもういいから」

「タコという字を～辞書で引いたぞぉ～」

「アキくん！　それやめてよ！」

「テレフォン！　パーティ～！　ひなまつりぃ～！」

聞こえているのかいないのか、トランス状態のアキくんはその後、数分にわたり奇妙な動きで踊り続けた。

竹内さんがアキくんとの意思の疎通を諦めてゲーム機の電源を入れた頃、部屋に入ってきた母が、「散眼！　散眼！」と意味不明な言葉を叫ぶアキくんの頭を思いきりぶっ叩いたことで、ようやく大人しくなった。


その日の夕食時のこと。

「実は、もう一つ見せたい特技があるんだ」

そうアキくんに打ち明けられた竹内さんは、先ほどの彼を思い出して内心うんざりした。昨日まであれだけ夢中になっていた寄り目遊びも、アキくんの左右に離れた眼球を見てからはすでに興味も失せていた。

「特技はもういいよ。それより『ボンバーマン』やろう」

「すぐ終わるから！　終わったら『ボンバーマン2』しよ！」

そう言い残し、アキ君は早々に客間に行ってしまった。

食事を終えた竹内さんが部屋に入ると、アキくんはなぜか電源の入っていないテレビの前に正座していた。なんとなく隣に腰を下ろす。

「よく見てて。たぶん上手くいく」

アキくんがテレビのリモコンを画面に向けて電源ボタンを押すと、画面にはニュースを読み上げている男性キャスターの姿が映し出された。アキくんが正座のままテレビ画面に近づき、画面越しのキャスターの顔の前に両手の人差し指を重ねた。

「この人の顔、見てて」

アキくんがゆっくりと、左右同時に指を離していく。

するとまるで指に引っ張られているようにして、男性の眼球がゆっくりと左右に広がり、あっという間に外側へ離れてしまった。

男性は焦点が大きく外れているにもかかわらず、平然と原稿を読み上げている。

『――以上、ニュース速報でした』

キャスターが頭を下げ、再び顔を上げたとき、すでに目は元の位置に戻っていた。

「何……今の？　どうやってやったの？　なんで？　テレビだよね？」

確かに見た。ほんの数秒間だが見間違いではない。

「おれもわかんない。この前一人で試したらできた。すげぇだろ？」

子供ながらに何か仕掛けがあるのかと疑った。でもいくら考えてもわからない。

「他のチャンネルでもやってみてよ」

今度は竹内さんがリモコンを操作しチャンネルを替える。バラエティ番組に切り替わった画面には、最近人気の若手俳優が映っていた。

「この人にしよう」

アキくんが先ほどと同じ要領で指を重ね、ゆっくりと開いていく。しかし指を開く途中で画面は切り替わり、俳優に替わってラーメンの映像が映し出された。

「あぁ！　おしい！」

アキくんが舌打ちをする。

左上にワイプと呼ばれる小さな画面が入り、そこに先ほどの俳優が映ったので、次はそこに向かってやってみたが、的が小さすぎるのかやはり上手くいかない。

もう一度チャンネルを替えると、今度はお笑い芸人がひな壇へ並ぶトーク番組を見つけた。一番長く画面に映っている司会者に的を絞る。

しかしカメラ目線ではないからだろうか、上手くいかない。

どういう原理なんだろうか。頭を捻りながらリモコンを操作していると、先ほどとは別のニュース番組を見つけた。

アキくんがアッと声を上げる。

「おれ、わかったかも。〈生放送〉だ」

なるほど。生放送じゃないと無理なのか。

先ほどと違っているのはキャスターが女性ということぐらいだ。

アキくんが一度深く息を吐き、画面越しの女性の顔へ指を押し当てる。そのまま左右へ。ゆっくりと慎重に広げていく。

やがて、両目が磁石みたいにじわじわと広がって離れる。

離れる。離れる。離れる――。

『……が官邸を訪問し……』
『世界初となる……』
上手くいった。今度は成功した。
女性は離れた眼球で、まるで元からそうだったように平然と原稿を読んでいる。
そのとき、ある違和感に気づいた。
『日米交流で……ぇぇ』
『官房ぉちょぉぉかぁぁぁ……』
声が口の動きと合っていない。ズレている。言葉だけがスローになって聞こえてくる。
声も違う。まるで、テープを無理やり引き伸ばしたような妙な声。
『……ぃぃぃぃいいいいい』
ひとりでにボリュームが大きくなる。何かやばい。
反射的にリモコンを画面に向けた瞬間。
『もぉぉぉどぉぉせ！』

大音量で叫び声が響き、ブチン！とテレビの電源が落ちた。

真っ暗な画面には呆然とした顔の二人が映り込んでいる。

その間に、もう一人いる――。

〈真っ黒な人間〉が、二人の頭を上から両手でわし掴みで押さえ込んでいた。

「全身真っ黒。だから男か女かもわからなかった。けど……」

ぼんやりとした黒いシルエットに、焦点の離れた眼球だけがはっきりと浮かんでいた。

その両目で、左右に座る二人のことを睨みつけている。

がっしりと頭を押さえ込まれ、身動き一つとれなかった。しかし、今思えばほんの数秒のことだろう。


突然リビングから大人たちの笑い声がどっと響く。同時に室内に張りつめていた空気がぷつん、と切れた。

次の瞬間には、二人を掴んでいた〈真っ黒な人間〉はどこにも見えなくなっていた。

しかし、それが消えたあとも、しばらくは二人とも放心状態で動けなかった。

そのうちアキくんが「……誰にも言うなよ」と震えた声で小さく呟き、目の前のゲーム機に手を伸ばした。

竹内さんもコクコクと頷き、二人は黙り込んだままひたすらにゲームへ没頭したのだという。

「ゲームしてても頭の中はぐちゃぐちゃだったよ。全然面白くねぇの。二人でひたすら無言でボンバーマンやってさ……」

竹内さんが一つ小さなため息をつく。

「ゲームでもテレビでも同じだけど、画面が黒くなる瞬間ってあるじゃん。ほら、ロード画面とか暗転するでしょ？　そのときに部屋の中が画面に反射するのが怖くて……アキくんとピッタリ肩くっつけてね。それでも怖いもんだから、画面が暗転するたびにぎゅって目瞑《つむ》ってさ。アキくんも同じだったよ。画面が暗くなって、チラッと見たらぎゅって目瞑ってんの」

まぁ……あんなの見たら、しょうがねぇよ――。

この出来事以降、アキくんと顔を合わせても、なんとなくこの話題には触れることはなかった。しかし数年前の正月、酒の回った勢いもあり一度だけアキくんに話を振ってみたことがある。

けれどアキくんは困ったような顔で「やめよう、その話」と曖昧《あいまい》に笑うばかりだったという。

ホームビデオ

これも〈眼〉に纏わる体験談である。

数年前に里保さんは父の誕生会の様子をビデオカメラで撮影し、映像として残すことにした。しかし、あとになって映像を見返してみると、そこに妙なものが映っていたのだという。

カメラを持ち、映りを確かめる里保さんのアップから映像は始まる。

「映ってる映ってる。みんな今から撮るよぉ」

楽しげな里保さんの声に続き、カメラはご馳走の並ぶテーブルへ向けられる。しかし、そこに映った父はなぜか画面上の見切れた左端に視線だけを向けるようにして見つめている。

「ママ！　もう撮ってるんだから早く座って！」

「ケーキまだぁ?」

フォーク片手にはしゃぐ弟が映り、椅子に腰かけフレームに収まった母もまた視線を見切れた左側へ向けている。

まるで磁力か何かが全員の視線をそちらへ引っ張っているかのようにも見える。

それにもかかわらず、映像の中では和気あいあいと楽しげな会話が続いているのだ。

思い返してみてもそれぞれが全くの無意識であり、それでいて全員がお互いの異変に気づいていない。映像に映る異様な姿と楽しげな会話のアンバランスさが一層不気味さを際立たせていた。

そうして画面の外の左端に全員の視線が向けられたままホームビデオは進んでいく。


「ハッピバァスディパ〜パ〜! ハッピバァスディパ〜パ〜!」

暗闇の中で楽しげな歌声が響き、父がケーキに灯された蝋燭《ろうそく》の火を吹き消したあと電気が点くと、再び画面が明るくなった。

カメラがテーブルを囲む家族を捉えるが、やはり全員の視線だけが一点に集中している。一瞬だけキッチンが映像に映る。

位置関係からみて視線の先はこのキッチンだ。

映像の中ではキッチンの奥にある冷蔵庫の扉がなぜか大きく開いていて暖色の庫内灯が漏れ出ている。

里保さんの記憶では扉は間違いなく閉まっていたはずだ。

そもそも一定時間扉が開いた状態であればセンサーが反応し警告音が鳴る。しかしその場にいた家族全員が、誰もその音を聞いておらず扉を閉めた記憶もない。

撮影はそこで終わっている。


「そのあとからかなぁ。なんか気になるの。キッチンが」

理由はわからない。気のせいだと自分自身に言い聞かせるのだが、どうにもキッチンが気になって仕方がない。

リビングでぼんやりとテレビを眺めていても、いつのまにかキッチンに視線が向いている。そこに何かがあるわけでもないのだが、とにかく気になって仕方がないのだ。

これは里保さんに限ったことではない。家族全員が、無意識にキッチンを眺めていることがある。

この妙な感覚は家族間のみで共有されていたようで、例えば来客などがあった際、家族外の人間に指摘されて初めて〈自分がキッチンを注視している〉という事実に気づくこともあった。その都度、取り繕ってなんとかごまかすのだが、理由については家族の誰一人として上手く説明できなかった。

「でも本当にそれだけ。ただ気になるだけ」

この妙なホームビデオが撮れた数年後に、里保さんの父は亡くなっている。

運悪く、他の家族全員が出払っていた一人のタイミングで倒れたため発見が遅れた。帰宅した母がキッチンの冷蔵庫の前で昏倒している父を発見し、慌てて救急車を呼び搬送されたのだが、そのまま父の意識が戻ることはなかった。

父が亡くなって以降〈キッチンが気になる〉という家族間にあった奇妙な共感覚はぴたりと収まったそうだ。

五号棟の張り紙

還暦を控えた祐二さんがまだ小学生の頃の体験だというので、四十年以上前の話になる。

祐二さんは当時、関西圏の公営団地に住んでいたそうだ。

同じ敷地内には一号棟から五号棟まで同じ形状の団地が連なっており、祐二さんの自宅は一号棟にあった。

各棟には同級生の友達もたくさん住んでいて、敷地内にある公園にはいつも誰かしらの姿があった。毎日、下校途中に公園を覗き、見知った姿を見つけると日が暮れるまでそこに混じって遊んでいたという。

公園はテニスコート二面分ほどの広さで、緩やかな傾斜の坂と植垣に囲まれた環境は鬼ごっこやかくれんぼで身を隠すには格好の場所だった。

その日も下校途中に、数人の友人の姿を公園で見つけ、そこに混じった。

しばらく遊んでいると数人の友人も加わり、鬼ごっこをしようという話になった。

さっそくジャンケンをして鬼を決めたあと、鬼役の友人が数を数え始めたことを合図にして各々が散っていく。逃げられる範囲は公園周辺と団地内も含まれている。


「そのとき俺はカズユキって奴と一緒に五号棟まで逃げたんだよ」


団地の構造は一号棟から五号棟まで全て同じである。

エントランスを抜けるとすぐに階段があり、エレベーターは無いので最上階の六階まで上がるには、階段で行き来するしかない。

まずは最上階から鬼の動きを偵察しようと、勢いよく階段を駆け上がり始めたときだ。

「あれ？」

背後から一緒に逃げてきたカズユキ君の声が聞こえた。

振り返るとカズユキ君は入り口付近に立ち止まり、壁にある掲示板を妙な顔で覗き込んでいる。

祐二さんも気になって階段を降りて横に並ぶ。

緑色のフェルト生地の掲示板には、住人に宛てた貼り紙が何枚か貼ってあった。

その大半は月一で行われる会合のお知らせや、空き巣への注意喚起だ。

しかし、真ん中に貼り出された貼り紙だけが明らかにおかしい。


〈シノダカズユキくんを探しています〉


白地に黒の大きな文字でそう印字されている。

いわゆる人探しらしき貼り紙なのだが、意味がわからない。

この〈シノダカズユキ〉とは隣にいるカズユキ君のことである。

文字の下には大きく印刷された写真があった。白黒で画質の荒い写真だったが、法被《はっぴ》を着て鉢巻きを巻いたカズユキ君が、カメラに向かってピースサインをしている写真だ。

この写真には見覚えがあった。一ヶ月ほど前に町内で行われた夏祭りで、集会所に子供が集まったときのものだ。見切れてはいるが、この隣には自分も座っているはずなのだ。

「これ、僕だよね？」

「うん……でもなんでお前、貼り出されてんの？」

「わかんない」

怪訝《けげん》な顔で貼り紙を見つめるカズユキ君と話していると、写真の下にあるものを見つけた。小さい四角が五つ描かれており、そこに一から五までの番号が振ってある。そこから少し離れた位置に十字が描いていて、十字の真ん中には赤い丸の印が付けてある。

それが団地周辺の地図だということはなんとなく理解できた。

番号の振られた四角はおそらく、それぞれの団地の棟を表しているのだろう。

じゃあこの十字と赤い丸は何だ。

そこまで考えたとき、遠くから鬼役の友達がこちらへ走ってくる姿が見えた。

慌ててカズユキ君の腕をひき、一緒に階段を駆け上がる。

その後は遊びに熱中し、妙な貼り紙のことなどすっかりと忘れてしまっていた。

その日の帰り際、そういえばと思い出した祐二さんはカズユキ君に声をかけた。

「さっき五号棟に変な貼り紙あったよな？　あれもう一回見に行こう」

カズユキ君本人も気になっていたようで、解散したあと二人でもう一度見に行くこととなった。

しかし五号棟に向かってみると、先ほどの貼り紙がどこにもない。

「あれ？　ない」

剥《は》がれて落ちてしまったのかと、周囲をくまなく探してみたのだが見当たらない。

結局、貼り紙は見つからず、釈然としないまま帰宅することとなった。

「それから二ヶ月くらいした頃かな。カズユキ死んだんだわ」


その日の早朝。普段ならいつまで寝てるんだと乱暴に起こしに来る母が、珍しく沈んだ顔で祐二さんの部屋に来た。大事な話があるからリビングまでこい、という母の言葉と妙な雰囲気に、若干の緊張を覚えながらリビングへ向かう。

母は祐二さんが腰を下ろしたのを見届けてから、言い聞かせるようゆっくりと話し出した。

「あんたの友達で〈カズユキ君〉っているでしょ。あの子ね……昨日の晩、塾の帰りに裏の交差で大きい車に撥《は》ねられてね。亡くなっちゃった……。だからあんた、今日は学校終わったらまっすぐ帰っておいで。一緒にお葬式に行くから」

母はそれだけ告げると席を立ち台所へ向かった。祐二さんは真っ先に、あの日見た妙な貼り紙を思い出していたという。

〈シノダカズユキくんを探しています〉

貼り紙にあった手書きの地図。あの〈十字〉は交差点か。

じゃあ赤い印は。

カズユキ君が撥ねられた場所を記していたのではないだろうか——。

事故現場について詳細の場所を母親に訊ねることも出来たそうだが、母親の暗い顔をみると気が引けてしまい、結局聞くことはなかった。

祐二さんたちが過ごしたこの団地群はすでに取り壊され、新しいマンションに変わっている。五号棟の跡地周辺は大規模な都市開発により、大きなショッピングモールが建っているという。

祐二さんが見た妙な貼り紙が、誰がなんのために貼り出したものなのかは、一切わからないままである。

訪問者

岳田さんという男性が、関西の某鉄道駅に配属されて間もなかった頃の話だ。

駅長室で同僚たちと他愛もない世間話に花を咲かせていると、隣接している対応窓口から「すみません。ご迷惑をおかけします」と女性が呼びかける声がする。

岳田さんたちがいるデスクスペースと対応窓口は、簡易的なパーテーションで遮《さえぎ》られているため直接は見えない。

窓口には防犯カメラが設置してあるので、訪問者がいるとまず室内のモニターで確認するのだが空のカウンターが映されているだけで、誰もいない。

確認しようと立ち上がると、近くにいた年配の職員に腕を強く掴まれ、厳しい表情で引き止められた。

——いくな。

他の職員も押し黙ったまま静まり返っている。その間も女性の声は、パーテーションのすぐ向こうから呼びかけてくる。

「すみません。ご迷惑をおかけします。すみません。ご迷惑を——」

じわり、と嫌な汗が滲《にじ》む。

腕を掴まれたまま、誰もいない窓口を全員でモニター越しに見つめていると、やがて声は唐突に止んだ。

同時に張り詰めた空気が緩む。

「今のって——」そう言いかけた瞬間、電話が鳴った。

近くの踏切で起きた事故処理の応援要請。若い男性による貨物列車への飛び込みだった。

部屋には最低限の職員だけが残り、岳田さん他数名が応援に駆り出された。

三時間ほどの作業の後、駅長室に戻りデスクで一息つく。残っていた年配の職員がさっきは悪かったと岳田さんに詫び、訥々《とつとつ》と話し始めた。

あれが、いつから現れ出したのかはわからない。ただ、あの声が訪ねてくると必ず飛び込み自殺があるという。

声は決まって「すみません」か「ご迷惑をおかけします」とだけ、繰り返し呼びかけてくる。

過去に一度若い職員が「俺が見ますよ」とカウンターを覗き込んだことがあるが、やはり誰もいなかった。その場は何事もなく収まったのだが、その職員は次の休日「散歩してくる」と家族に言い残し、貨物列車に飛び込んで死んだ。

先ほど、岳田さんが処理に当たったあの踏切だという。

決して自殺するような奴には見えなかったが、遺書らしき便箋がデスクから見つかった。震えた文字で「すみません。ご迷惑をおかけします」とだけ書かれていたのだそうだ。

以来、「件《くだん》の声が訪ねてきても絶対に覗いてはいけない」という暗黙のルールがこの駅長室にはあるのだという。

みんな仲良く

その日、仕事を終えた房山さんが終電間際の駅のホームに降りると〈妙な団体〉を見つけた。

最初に目についたのは、淡いピンクのシャツを着た小学校低学年くらいの女の子。壁を背にしてこちらを向いて立っている。

その隣にはスーツを着た父親がおり、女の子を挟んで母親が同じく立っている。

それぞれが女の子と片手を繋いでいて、一見するとどこにでもいる普通の家族に見えた。

しかし妙なことに、両脇に立つ父親と母親の隣にそれぞれもう一人ずついる。初老の白髪の男性と茶髪の女子高生。二人は父親と母親の外側に立ち、手を繋いでいる。なぜか一様に目を閉じて、苦しそうに眉間にシワを寄せているのがわかる。

真ん中の女の子だけが、ときおり両脇に立つ四人の顔を覗き込んでいるようだった。

「家族にしては変でしょ。親族だとしても、みんなで手を繋いでるってあんまり見ないよ」

親しい間柄であることには間違いないはずだが、関係性がわからない。

変な組み合わせだな、と眺めているうちにホームへ到着した電車に遮られて見えなくなってしまった。電車に乗り込み窓からホームを覗いてみたが、そのときにはすでに移動したあとだったのか、いつの間にかいなくなっていた。

その日以降、時間帯はバラバラだが決まった場所で必ずその〈妙な団体〉を見かけるようになった。

相変わらず目的はわからない。けれど、いつも女の子を真ん中にしたその団体が目を閉じて手を繋いでいる。


ある日いつものようにホームへ降り、何気なく視線を上げたとき、思わず「あっ」と声が洩れた。あの団体の中に見知った顔がある。

金澤だ――。

同じ会社で働く同僚の姿がそこにあった。

横並びの端に立ち、女子高生と手を繋ぎ目を閉じて立っている。

「内心『あいつヘンな宗教にでも引っ掛かったんじゃねぇか？』って思ってね。まぁ同僚のよしみもあるし、一応忠告だけでもしてやったほうがいいのかなって」

翌朝出社すると、既に仕事を始めている金澤の背中が見えたので声をかけた。

「金澤。お前、昨日駅で見かけたけど、何してたの？」

房山さんを振り返りながら、なんだお前見てたのか、とでもいうように金澤が視線を上げる。

「みんな仲良く死ぬんだよ」

「……は？」

死ぬ？　誰が？

唐突に出てきた『死ぬ』という言葉に一瞬頭が追いつかなかった。

何言ってるんだこいつは。

無言のまま見つめる房山さんに、苛立ったように金澤がもう一度告げる。

「だからぁ！　仲良く死ぬんだって！」


その日の夕方、金澤が会社を退職することになったと別の同僚から聞かされた。

なんでも突然辞表を提出し「俺、明日から来ませんので」と平然と上司に言い放ったのだという。

いくら理由を聞いても「選ばれたから」という、よくわからない答えしか返ってこなかったらしい。


次の日宣言通り金澤は出社しなかった。

正確にいえば、出社できなくなっていた。

昨夜の最終近くの駅のホームで、通過する貨物列車に飛び込んだそうだ。

遺書などの類は自宅からも見つからず、詳しい理由はわからずじまいである。


しかし、今でも房山さんは駅で金澤を見かけることがある。

あの妙な団体の中で、目を閉じ苦い顔をして手を繋いで立っている。

女子高生と手を繋ぐ金澤の隣には若い男性がいる。その男性も同じように、苦しそうな顔で目を閉じ手を繋いでいる。

相変わらず目的も意味もわからない。

真ん中に立つ女の子だけが、彼らをときおり見上げては嬉しそうに笑うのだ。

激突！

関西の地下鉄駅での体験談はいくつかある。

その日、高木さんは提出期限の近い課題を仕上げるため、一人学内に残って黙々と作業をこなしていた。

ようやく一段落したところで時計を見ると、すでに最終電車の時間が迫っている。タクシーで帰宅することも出来るが、貧乏学生には手痛い出費だ。

急いで帰り支度を済ませ早足で駅に向かうと、幸いなことに列車はまだ到着していなかった。ほっと胸を撫で下ろし、人のまばらなホームに降りて備え付けのベンチで一息つく。

そのとき、少し離れた場所に女性がこちらを向いて立っているのが見えた。二十代前半だろうか。綺麗に髪を結わえ、桜が刺繍《ししゅう》された綺麗な振り袖を身に着けているのが見える。

女性はベンチに座る高木さんと目が合うとスッと線路に体を向けた。

背筋を伸ばし、線路に向かってスルスルとホームの際まで進んでいく。ホーム際まで行くとそこでぴたり、と立ち止まった。

それだけの動作なのだが、高木さんには女性の一連の動作が妙に気になって仕方がなかった。なぜだかわからないが、その一挙一動に強烈に惹きつけられる感覚があったのだという。

食い入るように見つめていると、突然女性の体が前のめりで線路に倒れこんだ。

声を上げる暇もなく女性の姿が視界から消える。

直後、後方から轟音と共に猛スピードで列車が入ってきた。思わずぎゅっと目を閉じ、数秒後に聞こえるであろうブレーキ音に身を固くしていたのだが——。

聞こえない。

恐る恐る目を開けると、すでに列車は通過したあとだった。

ホームは静まり返っている。もしかして上手くホームの下に逃げ込んだのか?

すぐに線路に駆け寄り覗いたのだが、先ほどの女性の姿がどこにもない。

あり得ない。確かに今女性が落ちる瞬間を見たはずだ。

「あのぅ」

唖然としていると、背後から不意に声をかけられた。

振り向いた瞬間、思わず声を上げそうになる。

困ったような顔で立っていたのは、線路に落ちたはずの振り袖姿の女性だった。

「私、でしたか……？」

震えた声で女性は確かにそう訊ねた。

同じ振り袖。桜の刺繍。見間違えるわけがない。

「あぁ……はい……多分……」

そう答えるだけで精一杯だった。

女性は今にも泣き出しそうな顔をしながら、ふらふらとおぼつかない足取りでホームの階段を上がり、やがて見えなくなった。

高木さんは、しばらく呆けたように階段を見つめていたが、構内に流れた最終電車の到着を告げるアナウンスで我に返る。

整理のつかない頭で線路に向き直った瞬間、今度こそ悲鳴を上げたという。
先ほど列車が猛スピードで通過していったその先には、コンクリートで固められた壁しかなかった。

この駅は路線の終着駅にあたる。車両を管理する車庫も存在しない。
全ての電車はこの駅を起点にして折り返すため、完全な行き止まりになっている。
八年前、高木さんが帰宅途中に体験した出来事である。

整列！

当時田地さんが勤めていた会社は、都内の古いテナントビルの一室に事務所を構えていた。

事務所には田地さんを含めた数名の社員が勤務しており、狭いスペースにデスクを並べて業務をこなしていた。

事務所の入っていたビルの築年数は相当なもので、共用部分のそこかしこの壁紙が剥がれているような、お世辞にも綺麗とは呼べない古びたビルだったという。

ビルの地下には共有の小さな喫煙室があり、愛煙家の田地さんはよく利用していたそうだ。

その日も溜まっていた事務作業を片付けるため、深夜までデスクに向かっていると、河合さんという先輩に声をかけられた。

河合さんは田地さんよりも二つ年上で、口は悪いが普段から何かと田地さんのことを気にかけてくれる、田地さんにとってはありがたい先輩だった。

「田地、タバコ吸いに行こうや」

「あぁ、ご一緒します」

デスクに積まれた書類の処理にもうんざりしていた田地さんは、二つ返事で承諾し席を立った。


二人連れ立ってオフィスを出ると、すでに廊下の電気は落とされ、フロアは静まり返っている。同じフロアの他の部屋にはもう誰もいないだろう。残っているのは警備員と自分たちぐらいだ。

暗い廊下を抜け非常階段で地下まで降りると、廊下の突き当たりに喫煙室が見える。

田地さんが喫煙室の照明スイッチに手を伸ばしたとき、河合さんがニヤニヤと笑いながら「ちょっと待て」と制した。

「なんすか」

「いいから。これ見ろ。ほら」

河合さんが喫煙室のガラス扉の足元を顎で指す。

喫煙室の出入り口はスライド式のガラス扉になっており、大部分は曇りシートが貼られている。そのため室内全体は見えないが、下の部分のみ通常のガラスになっているため、中にいる人間の足元は確認できる。

促されるままガラス戸の下部分を見て、思わず「あっ」と声が出た。

暗い喫煙室の中に〈足〉が見える。

それも一つではない。たくさんの人間の足。

十人も入れば一杯になる狭い喫煙室の中に、まるで満員電車かと思うほどの人の足が見える。

深夜二時。もし他のフロアで残っている人間がいたとしても人数が多すぎる。

屈み込んで中の様子を覗いてみると、暗くてよく見えないが、みんな同じ黒いブーツを履いているように見えた。

「なんすか……これ」

振り返ろうとしたその瞬間、

「気をつけぇぇ――――っ!!」

突然、河合さんが大声を上げた。

驚いて固まっていると、河合さんがげらげらと笑いながら再度ガラスを指差した。

見ると、室内の様子がさっきとは大きく違っている。

中で犇《ひし》めく全ての足のつま先がぴったりと揃えられ、綺麗にこちら側へ向いていた。

唖然としたまま見つめていると、先ほどまでげらげらと笑い声を上げていた河合さんが扉を開けた。開けた瞬間、部屋に染み付いた煙草の残り香が外に漏れだし鼻をつく。

真っ暗な喫煙室には、誰一人の姿もない。


「軍靴だよ」

オフィスに戻りながら、河合さんが楽しそうに呟く。

河合さん曰く、深夜になると決まって喫煙室にはたくさんの「足」が現れるのだという。

最初に気づいたのは半年ほど前。深夜に一人で残業をこなしていたときに遭遇したそうだ。それからは残業のたび喫煙室に出向き入口前に立ち、たくさんの足に向かって号令をかけて遊ぶのだという。

それが何より面白いんだよ、と先ほどと同じように河合さんは声を上げて笑った。

あいつら馬鹿だから――。

河合さんの無断欠勤が続き、ついには会社を解雇されたのはその年の暮れのことだ。同僚の話によると自宅にも帰っておらず、半ば失踪扱いのようになっているらしい。最初こそ社内でも河合さんを案ずる声も上がっていたが、多忙な業種である。過去にも急に職場に来なくなる、もしくは何も言わず辞めていく人間は少なくなかったため、次第に誰も気に留めなくなった。

「深夜誰もいない地下から『気をつけぇぇ――――っ!!』という男の叫び声が聞こえる」という噂を田地さんが社内で耳にするようになったのは、その頃からだという。

霧と繭

「もうね、部屋中がすごいことになんのよ」

その現象は昼夜を問わず、しかし必ず江藤さんが部屋に一人でいるときにのみ起こっていた。旦那さんは仕事の都合上、頻繁に家を空けていたそうで、そうした場合江藤さんは数日間を一人で過ごすことになる。

その日も夕食を終えたリビングで、テレビを観ていた江藤さんが何気なく顔を上げると、なにやら部屋の様子がいつもと違うことに気づいた。

「モヤっていうのかな、部屋全体が真っ白なのよ。私てっきり火事だと思って」

大慌てでキッチンに走り火元を確認する。しかし特に異変はなく、何かが燃えるような焦げ臭さやガスの嫌な匂いもない。キッチンにも白いモヤは漂っていたが、ここが原因ということではなさそうだった。

他の部屋も覗くが、同じように白いモヤが漂っているだけで肝心な、出どころがはっきりしない。

「加湿器を使ってるわけでもないし、春先だったからね。外との温度差でどうこうってわけでもないのよ。だから一体これなんなのよって。マンションの廊下まで出て確認してみたけれど、やっぱり何もないの」

リビングに戻り、とりあえず窓を開ける。すると立ち込めていたモヤは外へ流れ出て、あっという間に外気に紛れて見えなくなった。

「一回だけなら私も気にしないんだけど。これが何度も」

この現象が発生するたびに家中をくまなく回るが、依然理由はわからない。

管理会社へ連絡し、ガス漏れのチェックや換気扇の内部なども調べてもらったそうだが、結果は同じだった。

「原因がわからないもんだから、業者の人も『なんですかねぇ？』なんて言ってすぐに帰っちゃうのよ」

原因不明のモヤの発生は二ヶ月に一度程度のペースで起こっていたそうだが、経験していくうちに江藤さん自身も慣れていった。わからないといっても実害はない。放っておけば、そのうちどうせ消えるのだ。

以降はそれが起こると、とりあえず窓を開けて適当にやり過ごすようになった。


とある日の深夜のこと。

旦那さんが不在の中、江藤さんは一人、寝室で目を覚ました。豆電球でぼんやり照らされた寝室に、まるで大量のスモークが焚《た》かれたようにモヤが充満している。眠っている間に異変が起きたのはそのときが初めてだった。

（窓、開けなきゃ）

畳に敷いた布団の中で体勢を変える。頭を部屋の入口に向けた瞬間、ギョッとした。

すぐ隣に、巨大な白い繭《まゆ》のようなものが転がっていたのだという。

本来、江藤さんの布団の横には旦那さんの布団が敷いてある。しかし、布団はなぜか部屋の奥の壁沿いまで追いやられていて、空いたスペースの畳の上に大型の繭が添い寝するような形で横たわっている。

眠気は吹き飛び、全身に汗がずわりと噴き出す。その不快感がこれは夢ではないと告げている。

目を逸らすことも、立ち上がって逃げ出すこともできなかった。

モヤに包まれた寝室で、自分の心音だけがバクバクと響く。触れられる距離にある巨大な白い繭に、激しく脈打つ自分の心音が伝わるのではないか？　という恐怖感が一層体を硬直させた。

豆電球の薄黄色い照明の中で、恐る恐る繭に目を向けてみる。丸みのあるそれはベージュ色のようにも見えたが、はたしてそれが繭本来の色なのか、部屋の照明によってそう見えているのか判別できなかった。とにかく白、あるいはベージュのような巨大な異物が目の前にある。そのとき、ちょうど江藤さんの顔の先にある繭の表面が、少しばかり盛り上がっていることに気づいた。

薄い小さな突起のようなものがある。よく見るとその周辺にも緩やかな凹凸が見えた。それが何か気づいた瞬間、思わず「うっ！」と身をよじった。

顔だ。人間の顔。

頭までを白いシーツでミイラみたいにぐるぐるに巻かれた人間。

叫び出しそうになるのを必死で堪え、なんとか布団の反対側へ抜け出す。そのまま壁にすがるようにして廊下まで這い出る。

江藤さんが寝室を振り返ったとき、それはちょうどリクライニングチェアを起こしたような姿勢で、音もなく半身を起こしていた。

江藤さんは寝巻のまま何も持たず家を飛び出し、近くのコンビニで夜を明かしたという。


すっかり日が昇り、明るくなった頃まで待って自宅へ戻った江藤さんが、恐る恐る寝室を覗くと、つけっぱなしの豆電球と布団の間にスペースがぽっかりと空いているだけで、他には何も見当たらなかった。

旦那さんへ事情を話すと、意外にもすんなりと引っ越しの承諾を得ることができた。

そうしてそれからひと月も待たず、逃げるようにして部屋を引き払ったそうだ。

引っ越しまでの半月ほど、江藤さんはほとんどを近くのホテルか友人の家で過ごした。

新居では猫を新しく家族に迎えいれ、我が子のように可愛がっている。

けれど、新居に引っ越したからといって安心しているわけでは決してない。

「部屋は……たぶん、関係ないの」

どういうことかと尋ねてみる。
部屋を飛び出す直前に見た、半身を起こしたそれのちょうど胸の辺りだった。
〈フルベハツ〉
黒い筆文字で、確かにそう書かれているのが見えた。
「『古部』なのよ。私の旧姓」
今のところ、新しい住まいでの異変はない。

客引き

ベトナム南部のホーチミン市で、一時期現地駐在員として赴任していた経験をもつ森村さんの体験談である。

森村さんが駐在員として日本を離れたのは三十代の頃。それまで海外赴任の経験は一度もなかったが、壮年の身一つで飛び込んだ異国の地は存外森村さんの肌によく合った。居住地が都市部であったこともあり交通の便も良く、少し足を伸ばせば日本人街もある。なにより飯が旨いんだよ、と森村さんは語る。

滞在して数年が経った頃、日本からの査察隊が重役を引き連れ、現地にある生産工場へ訪れることとなった。そこでアテンド役として任命されたのが森村さんだった。主な役割としては期間中の滞在ホテルの手配と通訳、そして何より期待されていたのが日本人街への案内だった。

「現地食に慣れると日本人街にはあんまり行かなくてね。客引きが鬱陶《うっとう》しいし、食事やらの買い物も近場のマーケットで事足りるんだよ。立ち寄るのはたまに日本食が恋しくなったときぐらいだね」

レタントン通り——。ホーチミン市中心区1区の市街地を走るシグネチャーロードである。日本人街を有し、歓楽街やホテル、主要観光スポットまであるホーチミン市を代表するような場所だ。日本からの客人が楽しむのであればこの辺りが相場だろう。森村さんはさっそく通りに面したホテルを押さえることにしたという。


到着初日。空港で一行を出迎えホテルまで案内したあと、早速歓楽街へ先導することとなった。

久しぶりに歩く通りは以前と変わらず騒がしく、安っぽいネオンが一層雑多な下町を演出している。心なしか客引きも数年前より増えた気がした。

事前に電話で予約を入れた店に向かって歩いていると、代わる代わる客引きに声をかけられる。人懐こい笑顔とカタコトの日本語を駆使し、あの手この手でこちらの気を引こうと騒ぎ立てる。

「日本人ってわかると、とにかく知ってる日本語並べて喋りかけてくるんだよ。旅行客から教えてもらったんだろうな。一昔前の一発ギャグとかさ……でも微妙に違ってんだよな。馬鹿だよなぁ。『オニイサン！　オニイサン！　オッパピー！　オッパピー！』『ダメヨ～。ダメダメ！』みたいなね」

激しい客引きに翻弄されている後ろの重役たちに、苦笑しながら通りを抜ける。


数日後、先日の案内が良かったのか再び日本人街を案内することとなった。

前回同様にゾロゾロと引き連れて通りを進んでいると、例にもれず客引きが寄ってくる。

『オニサン！　×××～シンジイ！』

『コッチヨ～！　×××～シンジイ！』

なぜかどの客引きも同じ言葉を投げかけてくる。意味はわからないが、日本語らしき言葉の羅列だ。文節の区切りが微妙にわかりづらく、頭の方が聞き取れないが、語尾にあるシンジ？　とは誰かの名前のようにも聞こえる。

その後もひっきりなしに手を引こうとする客引き全てが、同じ言葉を繰り返している。

『チョット！　チョットダケ！　オニサン×××～シンジ！』

上手く聞き取ることが出来ない。

しかし、これほど客引きが揃いも揃って口にする××シンジという人物は余程日本で流行っているのだろう。ここ何年も日本のテレビ番組は観ていない森村さんは、異国の客引きよりも母国の流行に疎い自身に苦笑した。

店に入り、食事をしながら談笑していると、ここら一帯の客引きがいかに激しいかという話題になった。

「森村、さっきのあれ、あいつらなんて言ってんだ？」

そう尋ねられても、下手な日本語であったので自分にもわからない。

「いやぁ、日本で流行ってるアイドルとか俳優じゃないですか？　シンジシンジって言ってましたし」

と曖昧な返事でその場をごまかした。


その帰り道のこと。

ホテルへの道を歩いていると、性懲りもなく客引きらしき人物が近づいてくる。黒い

Tシャツ姿で細身の若い女だ。

『マッサージココ！　×××シンジィ！　オニサン！』

相変わらずヘンテコな日本語をまくし立てる。その頃には、後ろを歩く重役たちもあしらい方を覚えており、特に相手をすることなく脇を通り過ぎた。その瞬間だった。

『タイクウジョウセイ、シンジ』

突然はっきりとした日本語でそう聞こえた。声からして客引きの女だ。

思わず揃って振り返ると、女はニヤニヤと厭な笑みを浮かべている。女の口がゆっくりと動く。

――タイクウジョウセイシンジ。

発音も、イントネーションも、明らかに日本語のそれだった。そして、森村さんには言葉の意味まで理解できた。

だが、なぜこの女がそれを知っているのか全くわからない。

――大空浄清信士。

数年前に他界した、森村さんの父親の戒名である。

遠く離れた異国の地で、ましてや見知らぬ客引きの女から投げられたその言葉に凍り付いた。なぜ知っているのか。疑問がじわじわと、得体の知れない恐怖に変わる。

気づけば一人でホテルのロビーまで戻って来ていた。

――しまった。

突然の出来事に動揺し、大事な上司たちを歓楽街へ置いてきてしまった。慌てて重役に電話をかけて非礼を詫びる。幸い笑って許してもらえたが、そのときにこんな話を聞いた。

先を歩く森村さんを見失った一行が、ホテルを目指し繁華街を歩いていると、目ざとく客引きが声をかけてきた。しかし先ほどまでとは違い、彼らから出てくるフレーズは以前のようなバラバラで笑えない古臭いギャグなどのボキャブラリーに戻っていたのだという。不思議には思ったそうだが訊ねようにも言葉がわからない、だから何にもわからず帰ってきたんだと。

その後、森村さんは日本にいる姉に電話をかけ、改めて父の戒名を確認した。電話口で姉が読み上げた父の戒名は、やはりあのとき繁華街で聞いたもので間違いはなかったそうだ。

透明トンボ

三坂さんは小学生の頃、毎年の夏休みを利用し、家族で母方の祖父母の家へ帰省していた。

祖父母の住む山間の田舎町には、普段足を運ぶような大きなショッピングモールやファストフードのチェーン店、ゲームセンターなどの類は無い。

毎年出発前に母からゲーム機の類は一切禁止だときつく言いつけられ、口を尖らせていた三坂さんであったが、到着してみると都会では感じられない自然の豊かさに朝から晩まで夢中になって遊びまわった。

裏山に向かえば珍しい昆虫や冷たく透きとおった川がある。海岸沿いまで足を伸ばせば、遥か遠くまで伸びる青天が望めた。それらの景色は都会育ちの三坂さんの心を躍らせ、好奇心を大いにくすぐった。

二日も経てば、母に黙ってリュックに忍ばせたゲーム機の存在など三坂さんの頭からすっぽり抜け落ちていた。

その日は早朝から、祖父と共に自転車で近くの竹林まで出かけていた。

竹林は祖父母宅から十五分ほどのところにある神社の脇道を抜けた先にあった。目的は昆虫の採集である。

神社の駐車場の端に自転車を停め、そこからは徒歩で進んだ。急こう配の獣道を祖父の背中を見失わないようついて歩く。

獣道を抜けると、周囲を藪で囲われた少し開けた場所に出た。

直径二十メートルほどの禿げた空き地。広場の端には人が一人腰掛けられるほどの石があり、そこに祖父が背負ってきたリュックを置いた。リュックの中から二人分の水筒を取り出し、まだ半分ほど凍ったままの麦茶で喉を潤すと、さっそく二人で竹林に分け入った。

草を分けながら夢中で昆虫を探しまわっていると、二メートルほど先の位置で何かが微《かす》かに揺れるのが目に入った。木の枝が枝垂《しだ》れており、そこに何かが留まっている。

逃げられないようにそっと枝に近づき、顔を寄せて驚いた。

枝に留まっているのはトンボである。しかし見たことのない種類だった。

体が半透明なのだ。

トンボはまるで光学迷彩のように、そのフォルムに沿って光を屈折させてシルエットを浮き上がらせている。注意していなければ見逃すほど、巧妙に背景に溶け込んでいた。

〈コウイカ〉という生物がいる。

この海洋生物は外敵から身を守るため、体の色を素早く変えて海中の景色に溶け込み、捕食者の目を欺《あざむ》く。ようは自己防衛のために〝擬態〟するのだ。それと同じように、目の前にいるトンボは竹林の背景に擬態していた。

こんなものは今まで見たことがない。

興奮を抑えつつ、震える手でなんとか虫あみを構える。息を止め、透明なトンボ目掛けて勢いよくあみを振り下ろす。豪快に雑草を散らしながら虫あみは地面に押し付けられたが、雑草に阻《はば》まれてあみの中まで見えない。地面に押し付けたまま、しゃがみ込んであみの中をまさぐると、指先に確かに感触がある。誤って潰してしまわぬようそっと輪郭をなぞり、翅と思わしき部分をつまんで太陽にかざすと、手の中にはまるで水流みたいに光を反射する、精巧なガラス細工のようなトンボがいた。

――じいちゃん！　じいちゃん！

大声で祖父を呼びつけると、目の前にトンボを入れた虫カゴを差し出した。祖父が目を凝らし、虫カゴを覗いたあとに首をかしげる。

「おもちゃか？」

どうやら祖父は、三坂さんが玩具か何かで驚かそうとしている、と思っているらしい。

「よく見て。ちゃんと生きてる」

そう言って三坂さんがブンブンとカゴを揺らすと、トンボはプラスチックのカゴの縁を掴んだまま『ブブブ』と小さなモーターのような音を鳴らした。

「ほら」

もう一度三坂さんが覗き込むと、カゴの中の景色がトンボの形に小さく揺れた。

「こないなもん、初めて見たわ」

驚く祖父を見て確信する。昆虫に詳しい祖父も見たことが無いということは、新種を発見したということに違いない。

しかし見れば見るほど奇妙な体だ。本来生物にあるべきはずの臓器が一切見当たらない。透き通る体は揺れる水面のように日の光を絶え間なく反射し、きらきらと輝いている。指先に力を込めれば「カシャン」と音を立てて、砕け散ってしまうようだ。その繊細さが一層神秘的に見せていた。


竹林に入ってまだ一時間も経っていなかったが、一刻も早く自宅に戻って両親にも見せてやりたかった。祖父に提案すると、とりあえずさっきの広場に一度戻ってリュックを回収したあと家へ帰ろうという話になった。

祖父に続いて竹林を引き返す。カゴを落とさないように、両手でしっかり抱え込んでしばらく竹林を歩くと、数分で先ほどの空き地までたどり着いた。そこで三坂さんは妙な光景を目にした。

先ほどまで、そこは何もないただの開けた場所であった。しかし今、目の前に広がる円形の空き地はその周囲をぐるりといくつもの紙垂《しで》が垂れた、しめ縄のようなもので囲われている。等間隔で杭のようなものも地面に刺さっており、広場の中心には白木のような台が置いてあった。台の前にはなぜか木枠がコの字で建てられており、そこに洗濯物を干すような形で置いてきた祖父のリュックが吊ってある。

「これなに？」

「……わからん」

祖父の声にも困惑の色が滲む。

場所を間違えたわけではないだろう。祖父のリュックは確かにあるし、最初にリュックを置いた石も変わらずにあるのだ。二人が竹林で虫を探しているわずかの間に、誰かがこの妙な準備を進めたのだろうが、これが一体何なのか見当もつかない。

そもそもリュックをあんなふうに木枠に吊るす意味もよくわからなかった。見たところ、周囲に人影も見当たらない。

三坂さんが戸惑っていると、祖父が無言でしめ縄を跨ぎ中へ入っていった。一瞬躊躇したが、三坂さんもそれに続く。

祖父が吊るされたリュックを外そうと手前に引くと『がこんっ』と木枠が大きく揺れた。そこで初めてリュックが麻ひものようなもので、木枠に頑丈に縛りつけられていることに気づいた。

力任せに祖父がリュックを引くが外れない。ガタガタと枠ごと揺らしながら祖父が躍起になっているとき、三坂さんはふと何かの視線に晒されているような妙な感覚を覚えた。汗だくで格闘する祖父を横目に、何気なく周囲に目をやった瞬間、身がすくんだ。

周囲の竹林がまるでかげろうのように揺れている。

ギラギラと光を反射するそれは、大勢の人間のように見えた。トンボと同じく竹林と同化し水面に似たあの独特の揺らぎが、ぼんやりと人型のシルエットを浮かび上がらせている。

「じいちゃん……」

「みるな」

振り返ることもなく祖父が呟く。

祖父が力ずくでリュックを引っ張ると、めりめりめりと派手な音を立てながら木枠が倒壊した。

祖父が無言でリュックを掴み、三坂さんの肩を抱きながらしめ縄を出る。

二人は無数の視線から逃げるように獣道に飛び込み、ほとんど転がるようにして下り坂を走った。その間も周囲の林の奥から視線は離れることなくついて回った。

しばらく無言で獣道を走っていると、林の先に見慣れた神社の屋根が見えた。前を行く祖父がようやく足を緩める。

「あっ」

突然声を上げた祖父がくるりとこちらを向いた。そのまま三坂さんが首からかけていた虫カゴを乱暴に取り上げると、脇の林へガサガサと足を踏み入れ始めた。驚く三坂さんをよそに祖父はあっという間に林の奥に進み、すぐに見えなくなった。

突然のことに追いかけることも出来ず、三坂さんはパニックで泣きじゃくりながら神社の裏まで獣道を下るしかなかったという。

自転車の停めてある駐車場まで着いたとき、そこにあったのは三坂さんの自転車だけで、祖父の自転車はどこにも見当たらなかった。

恐らく祖父ははぐれたあのとき、麓《ふもと》に降りる近道を思い出したのだろう。だから脇道に逸れたのだ。後ろをついていけば、きっともっと早くここまで降りてこれたはずだ。

どうして祖父が待っていてくれなかったのかはわからないが、今は一刻も早くこの場を離れたい。

自宅まで戻ると、家の前に立っていた父親に酷く叱られた。

こんな日にお前はどこで油を売っていたのかと三坂さんの自転車を蹴り倒し、烈火のごとく怒った父は、三坂さんをひとしきり叱りつけたあと、すぐに家に入り着替えるよう言いつけた。リビングに行くとそこには大勢の親族が揃っていて、皆一様に暗い顔でぞろぞろと和室へ移動していく。和室の奥には祭壇があり、祖父の写真が飾ってある。

準備されていたのは祖父の葬儀であった。


先ほどまで、確かに自分は祖父と過ごしていた。虫取りの記憶だって確かにある。けれど棺の中の亡骸《なきがら》も間違いなく祖父である。記憶違いで片付けるには、あまりにも鮮明過ぎた。

しかし最も恐ろしかったのは、棺の中に納められた品々に混じって見覚えのあるあの虫カゴが確かに入っていたことだという。

「サカキレイコ」について

数年前の年末。実家でこたつを挟み兄とビールを飲んでいると、兄がこんなことを言い出した。

「俺の友達の『向井』って覚えてるか？」

向井君――は兄の大学時代の友人であり、当時自宅にも何度か遊びに来ていたのでよく覚えていた。

「そう、あの向井。あいつな、完全におかしくなったかもしれん」

兄の不穏な物言いに興味を惹かれて記憶の中の向井君を辿る。

当時の兄は関西の芸術系大学に通っていた。そこで自主映画を制作するサークルに所属していたのだが、兄はそのサークルで脚本を担当し、向井君は部長兼監督という立場にあった。よく兄の部屋に籠って二人で次作の相談をしていたことを覚えている。

とある時期、サークル内で「短編のホラー作品を撮ろうよ」という話が持ち上がった。そこで、せっかくホラー映画を撮るのならと関西にある心霊スポットを舞台にしようという流れになり、いくつかの候補地が挙がったという。

最終的に兄たちが選んだのは兵庫県内にある小さなダムだった。

そこは過去に〈子供が投げ込まれて殺された〉やら〈近くの公衆トイレで死体遺棄事件があった〉などという物騒な噂が絶えない場所だったが、実際にはどの話も噂の域を出ない粗末なものだ。とはいえ、ホラー作品なのだから何かの間違いで〈ホンモノ〉が映れば儲けものだろうという淡い期待も少なからずあった。

さっそく撮影前にロケハンに行こうという話になり、サークルメンバーで現地に向かう段取りを組む。行くなら深夜に、ということで部長である向井君がレンタカーを手配し、日が沈むのを待ってから出発した。

いざ現地に到着してみると、ダムとは言うものの、小さな「ため池」にしか見えない。

しかし、街中からは外れて山に分け入った静かなロケーションである。そのため「何かが出そう」という雰囲気は上々だった。おまけに周囲には民家も見当たらない。深夜に大人数で機材を持ち込んでも、誰かに咎《とが》められる心配もなさそうだ。

一行は適当に拓けた場所に車を駐め、ダムの周辺をぞろぞろと歩き始める。

アングルの相談や撮影ポイントのチェックをこなしながら歩いてみても、ほんの十分ほどでダムは一周できた。そうしてあらかたの確認作業を終え、停めてある車まで戻ってきたときだ。

「なにこれ」

車のドアに手をかけようとした向井君が声を上げた。見るとフロントガラスとワイパーの間に何かが挟まっている。

さっきまでは何もなかったはずだ。向井君が手に取り、まじまじと見る。

一枚の写真だった。

ちょうど自分たちが立っている場所から目の前のダムを撮影したような写真。

誰も写っておらず、赤錆びた手すりと奥に広がる真っ黒な水面だけが写されている。夜に撮影したのか、手すりと水面の一部以外は暗くてよく見えない。

誰かのイタズラかと向井君がメンバーの顔を見るが一様に首をかしげている。

もう一度写真に目を落とし、裏面をめくってみる。すると、右下辺りに小さく女性の名前を見つけた。

〈サカキレイコ〉

「なにこれキモイ」

おどけた声を上げながら向井君が目の前のダムへ写真を投げ捨てる。そうして一行は現地を離れたのだという。


数日後、兄と向井君が大学近所にあるファミレスで食事をしていたとき、向井君がこんなことを兄に話した。

「この前、ダムで変な写真拾ったでしょ」

「あぁ、あの名前が書いてあったやつ?」

「そう。あのあと……」

一行がダムを訪れた次の日の昼間の出来事だ。

向井君が一人暮らしのアパートの自室でテレビを観ていると、インターホンが鳴った。

「はいはいはい」

廊下を抜け玄関を開けると若い男女の二人組が立っている。

「あの、すみません。隣に越してきたので挨拶だけ……」

今時挨拶なんて要らないのに。内心苦笑しながら向井君が対応する。とりとめのない会話を交わし、隣人たちが隣室へ戻っていったのを見届けたあと、向井君も部屋へ戻った。そのままアルバイトへ向かうため、身支度を整え玄関を出る。

何気なく視線を上げると、既に扉に掛けられていた隣室の表札が目に入った。丸みの帯びた文字が木目調のボードに印字してある。

男性の名前があり、そのすぐ下に女性の名前が書いてあった。

「――サカキレイコ。写真と同じ。同姓同名って、ちょっと気持ち悪いよな」

ほら、と向井君が兄に携帯の画面を向ける。わざわざ撮影しておいたのだろう。確かに名前の書かれた表札が写っている。

確かに気味が悪いことには違いないが、偶然は偶然だろう。兄が告げると、向井君は「いや、まぁそりゃそうなんだけど」と不満げに携帯をポケットに仕舞った。

　それからひと月ほどした頃。その日は配役と脚本についてのミーティングをするため部室内にサークルメンバーが揃っていた。

　もちろん向井君も出席していたのだが、やけに表情が暗いので体調でも悪いのかと兄が声をかけると神妙な顔で切り出した。

「この前ダムで拾った写真、あれやっぱり変なんだよ。いや、変っていうか……なんかヤバい」

　思いつめたような表情で向井君が続ける。

「知り合いとかに『この前ダムで変な写真拾った』って話するでしょ。そしたら絶対会うんだよ……」

　会う？　会うって誰に。

「同姓同名の女」

　同姓同名？

　向井君が舌打ちし、苛立ったように声を荒げる。

「だからぁ！　サカキレイコに！」

　要約すると、彼があの妙な写真の話を誰かにしたあと、数日もしない間に必ず〈サカキレイコ〉という名前の女性に出会うという。

これが全て同姓同名の人物なのである。

中年女性。老婆。あるいは女子高生。

名前だけが同じ。

「偶然じゃない絶対。ヤバいんだって。あり得ない頻度で会うんだよ。だから俺、わかっちゃった」

――これ、話しちゃ駄目なやつなんだ。

向井君はそのあと「ホラー映画はやめる。続けるなら俺はサークルを辞めるし、あとは勝手にやってくれ」とまで言い出し、そのまま撮影は立ち消えとなってしまった。

向井君の言うことが本当だとすれば、短期間に同姓同名に連続して出会う確率は一体どの程度のものなのだろう。現実的に考えれば向井君の勘違いという線が妥当だ。

表立って言う者こそいなかったが、向井君の精神状態を心配する声も多くあったという。

――ここまでが、過去に兄から聞いていた向井君の話である。

最近になって兄が当時のサークルメンバーと連絡を取った際、久しぶりに集まろうという話になった。

そこに向井君はいなかったが、彼と今でも交流のある中尾さんという男性が参加していた。久しぶりに顔を合わせたこともあって、思い出話に花を咲かせていると、

「そういや最近俺、向井の結婚式に行ったよ」

思い出したように中尾さんが話し出した。

「向井君結婚したんだ！　そりゃまためでたいね」

中尾さんいわく、向井君は大学を卒業したあと、東京で映像制作会社へ入社したらしい。最近までそこで働いていたそうだが、結婚を機に転職し、今は関西に戻ってきているのだそうだ。

「あいつ婿入りして名字も変わったんだよ」

「へぇ。じゃあもう〈向井〉じゃないんだ。何に変わったの？」

「いや、それが……」

中尾さんの表情が曇る。

「サカキ……」

妙な沈黙が生まれた。その場の全員が、あの写真の話を思い出していた。

不穏な空気を打ち消すように一人が呟く。

「……まぁでも、家の事情とかもあるんだろうし……なぁ？」

きっとそうだ。名字自体は珍しくもない。

「いや……それだけじゃないんだ」

中尾さんが脇に置いた自分の鞄をゴソゴソと探る。

「これ、見て……」そう言いながら差し出したのは一枚のハガキだった。

向井君から中尾さんへ宛てられたものだ。既に名字はサカキに変わっている。

裏面を見ると、新居らしき一軒家をバックに、笑顔で赤ん坊を抱いた向井君が写っている。そこには〈子供が生まれました〉とあり、真っ赤な筆文字で大きくこう書かれてあった。

『命名　レイコ』

中尾さんはハガキを受け取ってすぐ、向井君に電話したのだという。

ハガキが届いたことを告げ、出産の祝いを伝えると向井君も喜んだ。そこでお互いの仕事の話や子育ての話、向井君が関西に一軒家を購入したことなどを聞いた。

「でもやっぱり気になるわけよ。子供の名前。だから俺、聞いたんだよね。『なんでレイコにしたの？』って。そしたら、あいつ『奥さんが決めた』って言うんだよ。いや、それにしても普通止めるじゃん？　でも全然気にする様子ないし……」

中尾さんの言うとおりだ。

大学時代の妙な出来事の発端となった名前を愛する娘に付けるなんて、普通の感覚ではあり得ない。それも自分の名字を変えてまで。

「それでもう我慢できなくてさ。言ったんだよね……『お前おかしいよ。あれ覚えてるだろ？　ダムで拾った写真のこと。裏に女の名前書いてあって』って言ったらあいつ」

――なんのこと？

それだけ言って電話切ったんだよ。

それ以降、向井君と一切電話が繋がっておらず、本当の理由は何一つわからないままだ。ハガキの住所によると向井君が建てた一軒家は、例のダムの目と鼻の先にある。

これが、私が知っている〈サカキレイコ〉についての全てである。

アロワナの祭壇

　これは二人の体験者が同時に体験し、それぞれ個別に取材させてもらった話だ。

　体験者の一人は筆者の大学時代の友人であり、もう一人はこの友人の旦那さんにあたる方である。

　数年前のクリスマスの夜。

　自宅で二人、映画を見ていたときのこと。携帯の充電器を自室へ取りに向かった旦那さんが、慌てた様子でリビングへ駆け戻ってきた。

「ちょっと来て！」

「なに？」

「いいから！　来て！」

尋常ではないほど慌てる彼について彼の部屋へ向かうと、そこで妙な光景を見た。

彼の部屋には、大きなアクリル製の水槽が置いてある。

そこで〈アロワナ〉という種類の大型の魚を飼育していたのだが、その水の張られた水槽の底に、なぜかミニチュアサイズのいくつかの小さなイスと祭壇のようなものが並べてあった。

よく見ると祭壇の両端には小さな花束のようなものまである。

それはどう見ても、精巧な造りをしたミニチュアの〈葬式会場〉だったという。

そのセットの上を、悠々と巨大なアロワナが回遊している。

今朝までは間違いなくこんなものは無かったはずだ。

「なにこれ?」

呆然として水槽を眺めていると、小さな祭壇に親指サイズの写真立てが掛けられているのを見つけた。目を凝らしてよく見てみる。

写っているのは、どう見ても旦那さんの顔だった。

友人が言おうか言うまいか悩んでいると、思い出したように旦那さんが「携帯!　携帯!　写真撮ろう!」と慌ててリビングへ戻っていった。

「ちょっと！　私のも！」と廊下へ声をかけ、水槽に視線を戻す。

すると、そこにあったはずのミニチュアのセットは水槽の中のどこにも見当たらなくなっていた。

結局、自分たちが目にしたものが一体何だったのかわからないままで、祭壇の写真についても旦那さんには言えずじまいだそうだ。


この奇妙な現象は、その後もう一度起こった。

二度目に目撃したのは旦那さんのみだったそうだが、一度目と同じく何の前触れなく発生した。そして一度目と同じように、一瞬目を離した隙に跡形も無く消えてしまっていたそうである。


この体験談を聞いてから数年後、二人の自宅へ招かれる機会があった。

そこに旦那さんも同席していたので、自室を見せてくれないかと頼んでみると二つ返事で承諾してもらえた。

旦那さんの自室には体験談の通り水槽が置かれていたが、水は抜かれて中身は空になっていた。聞けば二度目の目撃のあと、すぐにアロワナは病気にかかって死んでしまったのだという。それで今は何も飼育していない空の水槽のみがあるのだ。

「でも死んだのがアロワナで良かったですよ。『嫁の写真が飾ってある祭壇』なんて不吉じゃないですか。しばらくはアイツに何かあるんじゃないかって、気が気じゃなかったですから」

祭壇の写真については、未だ本人には告げていないらしい。

夫婦互いの葬式会場を水槽の中に見たという、なんとも不可解な話である。

膃肭臍

飯窪さんが中学生の頃に、家族四人で関西地方へ旅行に出かけたときのこと。

旅行の行程には旅先にある大型動物園で遊ぶ計画も含まれていた。

両親と小学生の弟。家族揃っての久しぶりの旅行ということもあり、道中の車内ではしゃぎ過ぎた弟が母に何度かゲンコツを食らっていたことを記憶している。

動物園に到着し入口で貰ったマップを拡げると、可愛らしいイラストで描かれた動物がそれぞれのゾーンにわかれて地図上に記載されていた。

ゾウ、トラ、クマ、ペンギン館。爬虫類を専門に集めた場所まである。

それら一つ一つの動物の檻を弟と二人で興奮しながら見て回ったのだが、檻の前で動物を覗いていると、必ず父が動物をバックに二人を立たせ写真を撮った。

早く先に進みたい弟が父に抗議するが、父も譲らず結局ほぼ全ての檻の前で撮影をおこなった。

異変に気づいたのは、帰宅後に父がパソコンに写真データを取り込んでいたときのことだ。

ちょっとこれ見てみ、と父にそばへ呼ばれた飯窪さんが画面を覗き込む。

そこにはカメラにピースを向ける二人と、ガラスの向こうに座るゴリラが写っていた。

「ここ。ここ見ろほら」

父がパソコン画面を指でさす。

一見して普通のゴリラだ。何も変なところは——。

「あっ！」

ゴリラの右腕がない。

肩から先がまるで鋏で断ち切られたように無くなっていて、そこにアスレチック用のタイヤが写り込んでいる。

「腕、ないよなぁ」

「ないね……」

うぅん、と唸《うな》りながら父が別の写真を見せる。

キリンの前で撮った写真。この写真も妙だった。キリンの下半身が二重に重なっている。まるでもう一体、下半身だけのキリンがそこに存在しているようにも見える。あまりにはっきりと写っているため、これでは下手なコラージュ写真だ。

「そのときに撮った写真、ホント全部ヘンだったよ」

半透明に透けた山羊。足のない水牛。グニャリと渦を巻いたように歪《ゆが》む熊——。

そんな中でも、ひと際奇妙な写真があった。

屋内で撮影したもので、ガラス張りの向こうは水中になっている。水生動物の泳ぐ姿がガラス越しに見える仕様なのだが、そのガラスのほぼ一面に、赤黒い巨大な塊《かたまり》がへばりついている。

これが一体何なのか、判別できるようなパーツは一切見当たらない。そもそもが原型を留めておらず、おおよそ動物と呼べるような形状をしていない。

もちろん実際にそんなものが飼育されているわけもないのだが、これが一体どの動物の前で撮ったものだったのか記憶にない。

写真をまじまじと見ていると、右下に動物紹介のプレートが小さく写り込んでいるのを発見し、それが〈膃肭臍〉であることを示していた。

「ぐちゃぐちゃのオットセイ」

一体なぜ動物たちが妙な写り方になっているのかまるでわからない。

けれど、写真に写る全ての動物に異変があるにもかかわらず、飯窪さんと弟が妙に写った写真は一枚もなかった。

「お母さんがすごい怖がりでね、『こんなのすぐ消して！』ってお父さんに言うから、消しちゃったのよ」


この出来事から二年ほどした頃、一度だけ妙な出来事があったという。

飯窪さんの弟が高校生になり、当時付き合い始めた彼女の自宅へ遊びに行ったときのことだ。

彼女の家の玄関で靴を脱いでいると、廊下の奥から彼女が飼っていたゴールデンレトリバーが出迎えてくれた。

しかし、犬は彼の顔を見るなりキャン！　と一声上げたあと、泡を吹いて突然ひっくり返った。仰向けでブルブルと痙攣する愛犬を抱え、パニックになりながら彼女が大声で母親を呼ぶ。

弟が呆然とその様子を見つめていると、足元にぬるい感触が走った。見るとフローリングを伝った犬の小便が彼の靴下を濡らしている。

結局その日は玄関から上がることもなく、湿った靴下のまま帰宅することになったそうだ。なお、この出来事と動物園の写真に関連性があるかは一切不明である。

エアガン

熊井さんは小学生の頃、両親の仕事の都合上で祖母の家へ預けられることが多くあった。

「今日は遅くなるから。学校終わったらおばあちゃんちに行ってね」

母からそう告げられた日は、学校を終えても自宅へは戻らず、祖母の家で両親の帰りを待つことが決まりだった。

祖母の家は自宅から数十メートルしか離れておらず、文字通り目と鼻の先にある。放課後はランドセルを玄関に置いてすぐに友達と遊びに出掛けることが常であったため、それが自宅だろうが祖母の家だろうが大した違いはない。

それに両親が不在の間の身の回りの世話は祖母がしてくれたため、不便を感じることも嫌だと思ったことも一度もなかったそうだ。

その日も母の言いつけを受けて、学校を終えた足で祖母宅へ向かった。

いつもは靴も脱がずランドセルだけ玄関先へ置いてすぐに公園へ向かうのだが、あいにく雨が降っている。そうなると大人しく家で過ごすしかない。しかし、自宅とは違い祖母の家にはゲームなどの類は置いていていない。

どうやって時間を潰そうか。

リビングでテレビを見ている祖母を横目に、とりあえず二階に上がる。

寝室に入り、押し入れの奥から段ボール箱を一つ引きずり出す。そこには買ってもらったおもちゃが乱雑に押し込んである。

がちゃがちゃと漁っていると、何年か前に買ってもらったエアガンを見つけたので引っ張り出した。段ボールの底を漁ると、それ専用のカラフルな弾も見つけた。

さっそく装填し、壁に向かって撃つ。

ばすん。

よし、壊れてはなそうだ。

なにか手頃な的はないだろうか。

さすがに外に向けて撃つと叱られるだろうから、家の中で狙えるものが良い。

段ボールの中にあった黄色いネズミをデフォルメしたぬいぐるみを掴む。

うん。いい感じ。次にこれ。

両腕がハサミ状になった怪獣のフィギュア。こいつも的には丁度良い。

あと一つ何か欲しい。どうせならもう少し小さいやつがいい。

ふと思い立ち隣室を見る。

仏壇。

あぁそうだ。良いサイズのがある。


「熊井さんねぇ……」

「いや、違うんだよ……言いたいことはわかる。でもほら小学生って馬鹿だからさ……」

こちらの心情を察したのか、熊井さんが聞いてもいない言い訳を並べる。

熊井さんが目をつけたのは、仏壇に置かれた木彫りの〈阿弥陀如来〉だった。

「マジですか」

「ウチ浄土真宗だから」

「いやそういうことじゃなくて」


ぬいぐるみ、怪獣、阿弥陀如来。

それらを壁際のテーブルの上へ横並びにセットすると、少し離れた場所から片目を瞑り照準を絞った。

ばすん。

ぬいぐるみが後ろに倒れる。

続けて、ばすん。

怪獣が半回転し、コテンと転がる。

もういっちょ、ばすん。


——ビシャッ！

「うえぇっ？」
思わず声が出た。
倒れた仏像を中心に、まるで血しぶきのような跡が壁に滲んでいる。
なにこれ。
テーブルへ駆け寄り仏像を手に取ってみるが、不自然なところは何もない。
恐る恐る壁に近づいてみる。広がった跡は鼻血みたいに赤黒い。
何度も壁と仏像を見比べてみるが、何がどうなったのかわからない。
もう一回。もう一回やってみよう。
そう思い、仏像をテーブルに立てると先ほどの位置からもう一度狙った。
ばすん。
かたん。
仏像は乾いた音を立てて後ろに倒れただけだった。
「そのあとばあちゃんに説明したんだけど、『何しよるんじゃバカタレが！』って」

「でしょうね」

「結局何だったかはわからんの。でもまぁ罰当たりなことはするもんじゃねぇわな」

数年前に祖母が亡くなり家を取り壊すまで、二階の壁には黒く変色した奇妙な染みが残っていたそうだ。

理科室の女

小学校で教員をしている久住さんの同僚に、里田さんという男性がいた。

久住さんより一回り若い男性だが不思議とウマが合い、仕事を終えてからよく一緒に飲みに行くような間柄だったそうだ。

あるときの酒の席で里田さんがこんな話を始めた。


北校舎二階の理科室には死んだ女がいる。

いつも窓から中庭を見下ろしているから、絶対に二階の理科室には近づかないようにしているのだ、と。

久住さん自身は、そういった類いの話に特に興味は無かったため、適当な相づちでその場をやり過ごした。「見間違いってことはないのか?」と軽い気持ちで尋ねると、里田さんはあからさまに不機嫌になり「本当ですよ。信じてないかもしれないですけど、見たら絶対信じますよ」と譲らなかった。

それから数日したある日のこと。

夕方、久住さんが帰宅のため中庭に停めてある自分の車に乗り込もうとドアに手を掛けたとき、ガラスに反射した背後の北校舎が見えた。

二階の窓辺に女が一人立っている。

咄嗟に振り返って確かめたが、窓には閉じたカーテンがあるだけ。ちょうど理科室にあたる位置だ。もう一度、運転席のガラスを覗くとやはり校舎の窓に女の顔が映っていた。

校舎に残った女子生徒などでは決してなかった。比率がおかしいのだ。

窓いっぱいに女の顔が、張り付くようにしてそこにある。

その顔が無表情でこちらを見下ろしている——。

ガラス越しに目が合った瞬間、顔は奥の暗がりに吸い込まれるようにして消えた。

次の日さっそくそのことを里田さんへ話すと、里田さんは平然とした口調で「あぁ、今はそういうことになってます」と答えたという。

以来、里田さんとその話題に触れることは一度もなく、別の学校へ移るまで久住さんはできるだけ理科室へ近づかないように過ごしていたのだそうだ。

誕生日

「怪談って、幽霊の話だよね……。まぁ、幽霊っちゃ幽霊なんだけど」

そんな前置きで自身の体験談を聞かせてくれた亜依さんは、幼少の頃から両親に誕生日を祝われることが大の苦手だったという。

「誕生日になるとね、決まってママが大きなホールケーキを買ってきてくれてたの」


毎年いつもより少し豪勢な夕食を終えると、母が台所からホールケーキを持ち出してくる。亜依さんの年の数だけロウソクを立て火を点《とも》すと、電気の消したリビングの中でロウソクの炎だけがゆらゆらと揺れる。

そのとき向かいに座る両親の顔がテーブルを挟みぼんやり見えるのだが、その間にはもう一つ小さな顔が浮かぶ。

「妹がね、小さいときに亡くなってるんだけど。来るのよ」

別に姉妹だから。怖いとかそういうのじゃなくてね――。

その顔は亡くなる前と変わらないあどけなさを残したままだ。

違っているのは、顔が妙にのっぺりと平面的であることと、その表情である。

和やかな両親とは対照的に眉間に皺《しわ》を寄せ、テーブル越しに座る亜依さんを睨みつけている。

揺れる炎が部屋に陰を作り、それに合わせて怒りに満ちた妹の顔も揺らぐ。

亜依さんがロウソクを吹き消すと同時に部屋が真っ暗になり、ゆらゆらと浮かんでいた妹の顔も見えなくなる。

これが毎年。

「だから、幽霊っちゃ幽霊なんだけど。まぁ妹だし。全然怖くないよね。ごめんね」

しかし亜依さんいわく、誕生日が苦手な理由はこれが原因ではないらしい。

「いいじゃない。〈あれ〉にも祝わせてあげなさい」

妹の顔のことを話すと、決まって母がこう言うのだ。

それだけでなく、ロウソクの火を吹き消したあと母はホールケーキを台所へ運び、まだ手を付けていないにもかかわらず、まるで残飯を処理するようにケーキをゴミ箱に捨ててしまう。

そして冷蔵庫から全く同じ新品のケーキを出してくる。それを家族で食べるのだ。

「変でしょ？　なんでわざわざそんなことするのかわからなくて。『なんで捨てるの？』って聞くんだけど『これでいいのよ』って。これってやっぱり変だよね……」

確かに妙に噛み合わない会話である。

続いて、父親について尋ねてみる。

「……お父さん？　お父さんは別に何も。ていうか、ほとんど喋らないから知らない。なんでって……普通でしょ。まぁ……嫌いっていうか、キモいんだよね単純に」

亜依さんが吐き捨てるように呟く。

「ブツブツいっつも仏壇の前に座って五月蠅《うるさ》いんだよ。何十年もしつけーっての！　だから出てくんだよ。気持ち悪い」

おえぇ、とおどけながら亜依さんが笑う。

「あっ、もう一つあった！　でも、これもウチの家だけなのかなぁ」

仏壇には妹の遺影が置いてある。

しかし、その遺影はなぜか頭が下にくるように逆さまの状態で飾ってあるのだそうだ。

擬態

昨年の末のこと。関西で小規模な怪談イベントを主催した。

演者のみが語るステージ型の形式ではなく、希望があれば来場者も自由に語ることのできる、オープンマイク形式をとったイベントである。

企画当初は客入りに関して不安があったのだが、蓋を開けてみると有難いことに、ほぼ満席状態だった。

トークを挟み進行するにつれて会場の空気も徐々に和らぎ、後半に差し掛かった頃には客席から矢継ぎ早に手が挙がり多くの体験談が披露され、大盛況のうちにイベントは終演を迎えた。その中で、特に印象深かった体験談を紹介したい。

津川さんが三十年以上前に体験した話である。

その日、津川さんの住む地区の子供会では〈肝試し大会〉が開催される予定だった。青年団の大人が中心となって企画した催しには、近隣に住む子供たちが十五人ほど参加しており、小学生であった津川さんもそこにいた。

居住地区から少し離れた場所にある共同墓地エリアを使い、片道十分ほどの道のりを二人一組で回るという流れだ。

夕刻、集合場所に集まった子供たちを青年団が引き連れて、スタート地点へ向かう途中にそれは起こった。

津川さんが列の後方を歩いていると、すでに先を行っていた先頭集団の数人の子供たちがなにやら立ち止まり、上空を見上げわぁわぁと声を上げて騒いでいる。

火の玉！　火の玉だよ！　あれ！

——火の玉？　津川さんがつられて視線を向ける。

すると、上空に赤い火の玉らしき物体がフラフラと浮いているのがはっきりと見えた。

津川さんが立つ位置からは野球ボールほどの大きさだったそうで、距離からすると実際は人間の頭部ぐらいのサイズはあったのではないかという。

西日に照らされて赤く染まっているように見えるのか、それ自体が赤いのかはわからないが、確かに燃えるように赤い球体が、不安定に揺れながら夕暮れの空に浮かんでいた。

津川さんがそれを火の玉だと認識し、指をさした瞬間だった。

一瞬で火の玉が〈大型の旅客機〉に姿を変えたのだという。

「本当に一瞬だったんです。火の玉が飛行機に変わって、それがライトをチカチカさせながら『ゴーッ!』って。凄い音立てて、飛んで行ったんです」

この騒動が原因となり、肝試し大会は中止されたのだという。

火の玉が形態を変えたというこの体験談は、数ある〈火の玉目撃談〉の中でも非常に珍しいものではないだろうか。

枕のはなし

先日、久しぶりに帰省した際に兄と酒を呑みながら近況を報告し合っていると、こんな事を言い出した。

「最近、幽体離脱の練習をしてるんだよ」

「幽体離脱？」

「そう幽体離脱。それでこの前練習してるときに面白い体験したんだけど」

「へぇ」

「本当に」

「うん、まぁ聞くよ」

赤らんだ顔で上機嫌に話す兄。水を差すのも悪いなと思い先を促す。

兄の幽体離脱の練習方法は、まずベッドに仰向けになった姿勢から始まる。部屋の電気を消し、リラックスした状態で目を閉じていると、微かな「耳鳴り」が始まるのだという。

耳鳴りは次第に大きくなり、やがて大音量に変わって脳を揺らす。

それを合図にして体の中心部、へその辺りにある〈丹田《たんでん》〉と呼ばれる部分に力を込めていく。

すると、徐々に意識だけが体から起き上がってくるのだそうだ。

そのままスポンと、意識だけが肉体から抜ける。

その成功率は、疲れていれば疲れているほど「上手くいく」のだという。

その日も、兄はいつものようにベッドの中で幽体離脱の練習に取り掛かった。

やがて耳鳴りが始まり、丹田に力を込めていく。

ただ、その日に限って腰から下、下半身の部分だけがどうしても抜けない。

(抜けない……抜けない……)

イメージの中で体を捻《ひね》ったり、力んだり、色んな方法を試してみるのだがやっぱり上手くいかない。
そのときあることに気づいた。
（枕だ……）
枕が悪いのだ。
頭の下にある枕が集中を妨《さまた》げている。これを無くせばきっと上手くいくはずだ。
兄は目を閉じたまま頭の下の枕を掴み、そのままぐいっと頭の下から引っ張り出した。
寝そべった姿勢のまま手に持った枕を床に放り投げる。
ぼすん。
よし、ともう一度意識を集中させる。
（……？）
おかしい。
頭の下に枕がある。
再度、頭の下に手を突っ込む。間違いない。枕の感触がある。
再びそれを掴み、床目掛けて枕を投げた。
ぼすん。

気を取り直して、今度こそ。

（……）

頭の下に感触がある。

枕。

あり得ないと思いながらも、枕をすぽんと引き抜き投げ捨てる。

ぼすん。

もう一度。


頭の下に、枕がある。


「なぁ、これわかるか？」

「何が」

俺じゃないんだよ。

枕が幽体離脱してるんだ――。

兄は一人納得した顔で「だから、俺の部屋には今『枕の霊体』が山積みになってるはずだ」と熱弁していた。

なんだか落語みたいなハナシだな、と思った。

シーマン

筆者の母方の祖母の自宅は大阪にある。

最寄り駅直結の古い商業施設を抜けて交差点を渡り、レンガで囲われた狭い路地を少し進んだ先に立つ、古い戸建てが祖母の自宅だ。

中学生の頃は自宅のある神戸から一人で阪神電車に乗り、毎週のように遊びに行っていた。

目的は祖母から貰える小遣いと、同居していた伯父が持つたくさんのゲーム機だった。

伯父の部屋は二階にあり、そこに伯父はアルバイトの全収入を注ぎ込んで買い集めた、あらゆる最新のゲーム機とソフトを並べていた。

ここでは何時間ゲームに没頭していても怒られることはない。最新機種を心ゆくまで堪能でき、その上豪華な晩飯までが付いてくる。中学生にとってはまさに夢の国だ。

これは、そんなよこしまな理由で祖母宅に筆者が頻繁に訪れていた頃の、伯父が体験した話だ。

正確に言えば、伯父が〈体験〉し、祖母が〈解決〉した一連の出来事の顛末を、思い出しながら書き起こしている。


当時の筆者は「シーマン」という愛想もクソもない人面魚と、ただ会話するだけのゲームになぜか夢中になっていた時期だった。

その日も祖母宅へ到着すると、挨拶も早々に早足で階段を駆け上り、伯父の部屋を覗いた。伯父はなぜか部屋の奥でバカでかい水槽を抱えたまま、こちらに背を向けていた。

「おう。ちょうど良かった。手伝え」

水槽を床に下ろした伯父が、なにやら神妙な顔つきで腰をさすっている。

——えらいことになったかもしれん。


伯父の話によると、ここ最近夜中に必ず目が覚めてしまう。それもひどくうなされて、とのことだ。何か嫌な夢を見たということはわかるのだが、肝心の夢の内容がさっぱり思い出せない。

真冬だというのに汗だくになりながら目覚め、暗い天井を見つめていると、あることに気づく。

一階が妙に騒がしい。

ちょうど部屋を出てすぐ右側にある階段の下辺り。

まるで大勢の人間がひしめき合い口々に話しているような、ガヤガヤとした声がする。

次の瞬間、ピタリと声が止み、それが一斉に階段を駆け上がってくるたくさんの足音に変わる。

その足音に混じって、ガシャガシャと何か硬い金属がぶつかるような奇妙な音がする。

咄嗟に布団を被って頭だけ出して部屋の入口を確認すると、部屋の扉の摺りガラス越しに人影が見える。

――まるで鎧武者のような厳《いか》めしいシルエット。

〈毎晩、鎧武者が部屋の外から様子を窺っている〉というのだ。

恐ろしくなって、足元で眠っている愛犬のチワワを抱き寄せ、しばらく固まっているといつの間にか気配は消えて人影も見えなくなる。

これが一週間ほど続いているのだそうだ。

最初こそ見間違い、悪い夢だと思っていたが、一週間も続くとなると話が変わってくる。

「それでな、今朝おかんに話したんや……『もう辛抱ならん、なんとかしてくれ』って」

祖母は元々カンが良く働く人だ。確かに祖母なら何かわかるかもしれない。

話を聞いた祖母はよっしゃ任せろと言わんばかりに早速伯父の部屋にドカドカと入り、一通り部屋の中を眺めたあと、こう言ったそうだ。

「水槽やな」

「……水槽？」

「あんた、この水槽の真下、一階の仏間に何があるかわかるか？」

しゃがみ込んだ祖母が、コンコンとノックするように床を鳴らす。

「真下……あっ、仏壇」

「そうや、仏壇の真上にこんな水槽置いたらあかん。ご先祖様が怒ってはるんや」

——あとな、ちゃんと掃除しぃや。部屋が臭い。

祖母の見立てでは水槽の位置に問題があるということである。なるほど、それで水槽の位置を変えるために抱えていたわけだ。

匂いはお化けと関係ないよなぁ、と伯父に同意を求められたが、実際に臭かったため適当な愛想笑いで誤魔化した。


大型の水槽にはバカでかい魚が住んでいた。

今思えば、あれは恐らくアロワナだろう。名前をペロちゃんといい、その厳めしい見た目には到底似つかわしくない名前を付けられ、伯父に大層可愛がられていた。

そのペロちゃんの住処のデカい水槽を、筆者は勝手にペロちゃんハウスと呼んでいた。

ペロちゃんハウスがある真下、そこには確かに仏壇がある。

祖母の神託を受けた伯父は、早速ペロちゃんハウスの位置を替えるため模様替えに取り掛かった。そこに筆者が訪れた、ということだ。

とりあえずの処置として、一旦ペロちゃんをタライに避難させる。そうして空になった水槽を両側から抱えて廊下まで移動させた。

「よし、これで大丈夫やろ」

伯父が安堵した顔で煙草を吸い出したので、ゲーム機の電源を入れ起動する。

そこからはいつものように、気色の悪い人面魚とコントローラーに付属しているマイクを使い会話を始めた。

そのときふと、そもそもなぜ伯父はこんな不細工な中年の人面魚とコミュニケーションを取るだけの下らないゲームを買ったのか？　ペロちゃんの方がまだ可愛げがあるのに、と疑問に思ったが、面倒だったので何も言わなかった。


それから一週間が経ち、筆者はまた祖母宅を訪れていた。

伯父の部屋の前の廊下には、先週移動させた水槽の中に水が張られ、そこでペロちゃんが元気に泳いでいる。

「それで、この前の話はどうなったの？」

「ああ、あれな。あのあとパッタリ。全く見なくなった」

どうやら正解だったらしい。やはり水槽の位置が悪かったのだ。

「ワタシが言った通りやろ。あれはご先祖様や」

いつの間にか部屋の入口に立った祖母が腕組みをしながら立っていた。

「おかんの言った通り、ご先祖様が怒ってたんや。鎧武者のな」

「あんた良かったで。あのままやとご先祖様に斬り殺されてたかもしらんで」

そんな会話を聞きながら、僕は死んだ祖父の言葉を思い出していた。

昔聞いたことがあるのだ。

――うちの先祖は、ただの農民や。

農民。クワを持って畑を耕す一族である。

それにもかかわらず、目の前の二人は伯父が見た怪異について盛り上がっている。喉元過ぎればというやつだろう。

やれ鎧武者だ、やれ先祖の祟りだ、なんて話してはいるが恐らく全くの見当違いなのだ。だってうちの先祖は農民なのだから。

刀で斬り殺される心配はない。そもそも刀なんて触ったこともないだろう。クワで殴られるならまだわかるが。

しかし中学生ながら、盛り上がっている大の大人に水を差すのも悪い、と思った筆者は何も言わずゲーム機に手を伸ばす。

興奮しきった哀れな農民の末裔が騒いでいる。

それを横目に暗い廊下に追いやられた、かわいそうなペロちゃんに思いを馳せる。彼にはつくづく同情したが、所詮ただの魚である。

まぁどうでもいいか、とゲーム機を起動し、いつものように顔はおっさん、体はペロちゃんの不細工な人面魚と会話をするだけの下らないゲームを始めたのだった。

豚の椅子

化粧品メーカーの企画担当として勤務していた里美さんの体験談である。

勤め始めて二年程した頃、里美さんが使用していたオフィスチェアがギイギイと耳障りな音を発するようになった。

どこか壊れたのかと調べてみるが、特に破損箇所も見当たらない。

そもそも椅子をオフィスで一斉に新調したのはつい先日のことだ。他の社員の椅子を見ても異変はないし、恐らくは不良品に当たってしまった、ということなのだろう。

総務部に言えばすぐ取り替えてもらえるはずだが、間の悪いことに会社は繁忙期に突入したばかりだった。加えて、内向的な性格の里美さんにとってはこちらに一切非はないと言え、自ら申し出るのはどうにも気が進まない。

幸い使用には問題はないため、仕事がひと段落してから伝えればいいと後回しにしたのだという。

しかし里美さんの意に反し、日を重ねるにつれて音はどんどん酷くなった。

尻をズラすたび、ぎゅりぎゅりぎぎ、と大げさに音が鳴る。

通りがかった社員が驚いて振り向くほどの派手な音に、流石にこれはいよいよかと考え始めた頃、音の質が妙な具合に変化した。

音の出どころから背もたれの軋《きし》みによるもので間違いない。間違いはないのだが、それがどうしたものか、絶妙な具合で低い男の声のように聞こえる。

それどころか、まるで中年の男が喘ぐような聞いてられない恥ずかしい音なのである。

ギギ……ウッ。ンンッ。

ギギ……ウッ、フウゥッ。

ボルトの摩耗か内部の破損か。原因はわからないが、毎日のように耳障りな音が尻の下から響いてくるのは何とも耐え難い。

事あるごとに喘《あえ》ぐ椅子をどうにか黙らせようと里美さんが奮闘していると、その様子を半笑いで見ていた先輩社員と目が合った。恥ずかしさで顔がカッと熱くなる。

いや違うんです！　と反射的に椅子から腰を浮かした瞬間、背もたれが反動で跳ねあがった。

——オウッォオウッォオウッ!!

まるで、オットセイの絶頂のような猛々しい音がオフィスに響く。

「あぁぁうるさい！」

羞恥と怒りで真っ赤になった里美さんが座面をスパン！　と叩くと、椅子が「オゥッ」と微かに鳴いた。それが無性に腹が立ち、怒りに任せて座面を連打する。

「このっ！　このっ！　このっ！」

スパン！「オッ！」スパン！「オッ！」スパン「オッ！」

ＳＭクラブの餅つき大会のようなやり取りに同僚の一人が耐え切れず噴き出した。つられてそれまで必死に堪えていたであろう他の社員も声を上げて笑い出す。

そうして周囲が笑い転げる中、里美さんが諦めて椅子に座ると、椅子は「ンッ、フゥゥゥ……」とため息のような間抜けな音を漏らし、ようやく静かになった。

見かねた上司が総務部へ掛け合ってくれたが「替えの椅子が届くまでは一ヶ月程かかるらしい」との回答に、里美さんはまた肩を落とすこととなった。


それから数日後のこと。

始業前、職場に到着した里美さんはビルの前で予期せぬ光景を目にした。

数台のパトカーが入口前に停まっている。非常線の向こうでは警官と話し込む仲の良い同僚の姿がある。同僚は里美さんを見つけると警官を引き連れ近づいてきた。

「大変なことになったみたい」

そう言って心配そうに里美さんを見る。

里美さんらが勤務するオフィスで、男性が自死しているのが発見されたのだという。

警官が里美さんの顔を確認し「この方、ご存じですか？」と持っていたバインダーを差し出す。中には引き伸ばされた大判サイズの証明写真が挟んであった。

大柄な男が写っており、陰気そうな暗い目でこちらを睨んでいる。

どこかで見たような気はするが、はっきりとは思い出せない。

「豚だ……これ」

横から覗き込んでいた同僚が呟く。

——豚。あぁそうだ。警備員。

以前、ロビーでドアの脇に立つ警備員を見た同僚が「豚」と揶揄《やゆ》して笑っていたことを思い出した。やれニオイが酷いだの、目つきが気持ち悪いだの、好き放題の同僚に苦笑したことを覚えている。里美さんは同意こそしなかったが、暗い顔でうつむく男からは確かに湿った雰囲気が漂っていた。

警官から「他に思い出したことはない？」とも聞かれたが、それ以上の接点は全く思い当たらない。

里美さんの記憶どおり、男性はビルに入っている警備会社の元社員だった。

数日前に警備会社を解雇された男は、昨晩のうちに警備の隙を突いてビルに侵入し、どういうわけか持ち込んだロープを使って、オフィスで首を括《くく》ったのだという。

要するに、知らない男が職場で死んだというなんとも嫌な話なのである。

しかし、そもそも赤の他人である自分とは全く関係のない話だ。

なのに——なぜ自分との関係をこうもしつこく聞くのかわからない。

里美さんの困惑を察したのか、警官が淡々と告げる。

「うん。言っちゃうけどごめんね。あなたのデスクの上です」

デスク……。デスク？　私の？

さらりと放たれたその言葉を理解した瞬間、全身の血の気が引いていった。

「そう。だから確認してるの。本当に知り合いじゃない？」

「し、知りません……本当に……」

すっかり青ざめた里美さんにはそう答えるのが精一杯だった。

しかし警官が続けて話した内容は、里美さんにさらなる追い打ちをかけた。


男は自死の直前、里美さんの椅子に座り自慰行為に耽《ふけ》っていた。これは常習的犯行でもあったという。解雇された理由も、夜勤警備の巡回中に里美さんの席で繰り返していたおぞましい行為が発覚したことが原因だった。

「会社からは聞いてないの？……あーそう。あなたにすごく執着してたみたいだね。まぁ殺されなかっただけよかったね」

容赦のない警官の言葉も、里美さんの耳に入らない。

気が遠くなった。朦朧《もうろう》とする里美さんの意識を繋ぎとめたのは、猛烈な吐き気と耐え難い嫌悪感だった。

数日の休養のあと、里美さんは早々に退職を決めた。

不本意ではあったが、もう一度あのオフィスで働く気にはどうしてもなれなかった。想像するだけで身が震える。

思い返せば椅子の不調もあの男が原因だろう。そうとは知らず毎日何時間も汚らわしい椅子に座っていたことを考えると吐き気がする。

そうだ、あれは事故だ。自分の意思とは関係のない不慮の事故。でなければ天災か何かだ。自分にできることと言えば、一日でも早く新しい環境に身を置くことだ。忌まわしい記憶など早く忘れ去るしかない。

幸い当面の間働かずとも暮らしていけるほどの蓄えはある。これを機に憧れていた海外への移住を真剣に考えても良いだろう。国はオーストラリアがいい。事情はどうあれ、自分にとって大きな転機だ。新しい世界へ飛び込むのも悪くない。そんな風に考え出すと、酷く沈んだ気持ちもいくらか軽くなった。

引き継ぎ資料の作成と身辺整理のために職場へ顔を出した頃には、すでにオフィスのレイアウトは大きく変更されていた。聞けば近いうちに壁紙や床材も一新する予定らしい。移転費用までは捻出できなかった会社の経営状況が見て取れる。

会社に行けば周りの社員からどれほど憐れみや好奇の視線を向けられるだろうかと心配していたがそれも杞憂だった。

里美さんのデスクのあった場所はロッカーが数台並ぶ資料スペースとなっていた。荷物とパソコンは会議室へ置かれており、上司から「申し訳ないのだけれど、引き継ぎ資料は会議室で作ってほしい」と頼まれた。その申し入れはむしろ有難かった。周りから変な気遣いを受けるよりいくらか気楽だし、改装したとはいえ、あのオフィスで過ごすのはさすがに気が滅入る。

「終わったら声をかけて」と告げる上司を見送り、会議室で一人パソコンを立ち上げた。

デスクトップにはいくつかのフォルダが並んでいる。

この程度であれば夕方までには片付くだろう。さてどれから手をつけようかと考えていると、その中に見覚えのないアイコンを見つけた。名前の付いていない動画データだった。

なんだろう、と何気なくクリックすると、拡大されたスクリーンで再生が始まった。映し出されたのは暗いオフィスとブルーライトを反射した無表情な男の顔。

画面越しに目が合った瞬間、全身が硬直する。

あの男だった。


あの日、男は一部始終を里美さんのパソコンを使って撮影していた。

映像の中で男はベルトを外し、下半身を露出した状態で里美さんの席に座った。そして充血した目でカメラ越しの里美さんを睨みつけながら、ギシギシと音を立てて行為に及んだ。

ふぅぅ…、うっぅ……。ふっぐ……。ぐぅぅっ……。

画面の向こうで男が体を揺するたび映像が小刻みに揺れる。

席を立とうにも、目を閉じようにも、体の芯まで凍り付いたように動かせない。里美さんはその一部始終を見せつけられた。

過呼吸寸前の浅い自分の呼吸と、画面越しの男の呼吸が混ざり合って静かな会議室に響く。永遠にも感じられるおぞましい時間だった。

そのときふと重なるように聞こえる妙な音に気づいた。画面越しではない。自分の足元から鳴っている。

……うぅぅ、ふっぅぅう。ぐぅ……。

粘つくような嫌な声。それが股下から響いてくる。

いつの間にか男の声はモニター越しではなく里美さんの座る椅子から聞こえていた。

――あぁ、そうか。ずっと聞こえていたのは、この声だ。

男の動きと連動するように椅子が呻《うめ》く。その声が徐々に早くなっていく。

瞬間、男が咆哮のような凄まじい声を上げた。

おうっ！　おうっ！　おうぅっ!!

男はぶるるっと大きく身震いし一瞬硬直したあと、全身を弛緩させるようにして椅子へ深く沈んだ。

それと同時に、里美さんの座る椅子も深く沈み込むのを確かに感じたという。

気づいたときには、画面の向こうで半身を露出させた男が天井から吊り下がっていた。

そこからの記憶はほとんどない。

同僚の話では、里美さんは突然会議室から飛び出してきて「豚が！　豚が！」と酷い錯乱状態で泣き叫んだかと思うと、そのまま卒倒してしまったのだという。


パソコンはすぐに警察へ引き渡されたが、調べてみても里美さんが見たという動画データはどこにも見当たらなかった。「これ以上は調べようがないから、パソコンは返す」と警察から連絡を受けたとき、里美さんは全て妄想だったと思い込むことに決めた。

同時に心の底からどうでもいい、とも思った。どれだけ妄想だと思い込もうが、記憶はいつも自分の中にあるのだから。

「今でもね、ふいに思い出すのよ。あのオットセイみたいな呻き声と――」

おぞましい映像は消えない記憶として、今も里美さんの脳裏に焼きついたままだ。

球体X

大学生の頃、一時期スポーツ系のサークルに所属していたことがある。

活動内容としては週に三日、決められた曜日にメンバーがグラウンドに集まりフットサルやらバスケットボールやらの球技を楽しむというありふれたものだ。

そこに同じく所属していた先輩の一人から、聞かせてもらった話が一つある。


彼がまだ大学一年の頃、夏休みを利用して友人の一人と和歌山県某所を訪れた。

男二人旅ということで色気はなかったが、行き先は海。目的はナンパで、旅先でのまだ見ぬ異性との出会いに少なからず期待していたそうだ。

午前中に宿に到着し、部屋で荷物を下ろすと二人はさっそく海岸へ繰り出した。

自分たちと同じように夏休みを利用して訪れたであろう、砂浜を歩く女子たちに意気揚々と声をかけ始めたのだが、どうにもさっぱり相手にされない。口をきいてくれればまだ良い方で、ほとんどは見向きすらされなかった。

こんなはずでは、と夕方まで粘ってはみたものの成果はゼロ。

一つの携帯番号すら聞き出せずに撃沈してしまった。目論見が外れた二人は、とりあえず今日のところは宿で飲み直そうと、肩を落として日の沈みかけた海岸をあとにした。

宿に戻り風呂に入ったあと、男二人でひたすらに酒を飲む。

テーブルが空き缶で埋まった頃には、友人は座ったままの姿勢で大きないびきをかいていた。気づけば時刻は深夜一時を指している。

確か近くにコンビニがあったはずだ。

買い出しに行くついでに海岸で夜風にでも当たるかと思い立ち、先輩は友人を残し部屋を出た。

コンビニで酒を買い、一人ふらふらと夜の海岸を歩く。

昼間と違い、誰もいない夜の海は静かで、サンダルが砂を踏みしめる音と波音だけが聞こえる。火照《ほて》った体に潮風が気持ち良い。

鼻歌交じりに歩いていると、数メートル先の砂浜に誰かが座っているような人影が見えた。白いシャツにジーンズ姿の若い女性。見たところ周りに人はおらず、一人砂浜に腰を下ろして波を眺めている。

「遠目で見ても、けっこう可愛かったんだよ」

声をかけてみようか。ちょうど酒もある。上手くいけば一緒に酒が飲めるかもしれない。部屋ですっ転んでイビキをかいている友人にも自慢できる。きっと悔しがるだろう。なにより不甲斐ない昼間の自分を挽回するチャンスだ。

「お姉さん、一人?」

怪しい者では一切ございません、と言葉尻に付け足したような努めて明るい声で問いかける。

近くで見ると、化粧っ気は少ないが可愛らしい顔立ちをしている。見たところ同い年ぐらいだろう。内心ガッツポーズをしながらも冷静を装って追撃する。

「ビールあるんだけど、一緒にどう?」

自然に横に座ってみる。女性も特に警戒している様子はなく、どうぞと言わんばかりに少しだけ自分の座る位置をずらした。

「ほしです」

女性が空を見上げながら呟く。

――星？

つられて空を見るが、暗い雲で覆われていて星は一つも見えない。

目を凝らしてみたが、やはりいくら探しても星は見えず、曇天が広がっているだけだ。

「ね。すごいでしょ？」

さらに同意を求められた。「あぁ、うん」と適当に話を合わせてやると、女性は満足したのか嬉しそうに笑った。

――まぁいい。無視されるより百倍マシだ。それより酒だ。脇に置いたビニール袋から缶ビールを取り出す。

「酒あるんだけど、一緒に飲まない？」

一本渡すと、彼女は礼を言いながら受け取った。

そうして二人で夜空を見ながら酒を飲み、ロケーションも手伝って良い具合に打ち解け始めたときだった。

暗くて距離感はうまく掴めないが、百メートルほど先の沖合。気づけばその上空に、ぼんやりと赤い光を放つ球体のようなものが浮かんでいる。

「遠かったから、正確にはわからないけど……たぶんサイズは軽トラぐらい。それぐらいの『デカくて赤い玉』が浮かんでたんだ」

先ほどまでそこには暗い空が広がっているだけだった。

そこに巨大な赤い玉が浮かんでいる。

今でいうドローンのようにも見えないこともないが、明らかにサイズが違う。

「ねぇアレ何?」

隣の彼女も気づいたようで声をかけてくる。

答えられない。わからない。

しばらく凝視していると、それはゆっくりと八の字を描くような妙な軌道を描き始めた。

「動いてる動いてる!」

彼女が声を上げる。

それはしばらく一定の動きをしながら浮かんでいたが、ある瞬間動きを止め、さらに上空に上がっていき、やがて雲に隠れて見えなくなった。

それが去った後、彼女はしきりにUFOだ宇宙人だと興奮し、先輩自身もあれが何だったのか上手く咀嚼《そしゃく》できないまま、ウンウンと聞いていたという。

「そんでまぁ、そのとき一緒に浜辺にいた子ってのが、今の彼女なんだよ」

そういうと先輩は自分の携帯を取り出し、彼女とのツーショットを自慢する。そこまでがいつもの流れだった。


しかしこの体験談ではもう一つ不可解なことがある。

先輩には彼女の連絡先を聞いた記憶は一切ないのだ。それどころか、赤い玉が上空に消えたあとからの記憶がない。

次にあるのは部屋の畳の上で大の字になって転がっている光景だ。いつの間にか部屋に戻っており、翌朝、携帯を見ると例の女性から着信が残っていたのだという。

「〈明里〉って表示されて、誰だよって思いながら掛け直したら海岸にいた子でさ。まぁ結果オーライなんだけど」

しばらくしてから明里さんに聞いたことがあるらしい。

彼女の話によると、例の赤い玉が消えた後、帰り際に連絡先を交換し、海岸を通りまで二人で歩いて、そこで別れたそうだ。

先輩はそのとき特に泥酔している様子にも見えず、はっきりとした足取りでホテルへ帰っていったのだという。

これ以降、先輩はオカルト、特に未確認飛行物体について興味を持つようになり、独自で調べるようになっていった。

そんな理由から先輩は、仲間内で「モルダー先輩」と呼ばれるようになったのだ。

モルダー先輩

名字がモリタだかモリシタだかは忘れてしまったが、大学時代に周囲から『モルダー先輩』と呼ばれていた人がいた。

一つ前に掲載した話の体験者であるが、このモルダー先輩に纏わる話を同じく先輩にあたる須藤さんから聞いた。


大学を卒業後、地元関西で会社員として勤めていた須藤さんはある夜、見知らぬ番号からの着信を受けた。通話ボタンを押してみると、電話口から懐かしい声がする。

『もしもし。モルダーだけど』

須藤さんの知り合いにそんなふざけた名前を名乗る人物は一人しかいない。

「おぅ久しぶりじゃん。どうしたの急に」

突然の電話に驚きつつも自然とテンションが上がる。

聞くと大学時代の共通の友人を伝って連絡を寄こしたらしい。

『実は結婚するんだ、俺』

式は近々挙げるのだという。

他にも大学時代の友人数人に声をかけているらしく、是非みんなで参列してくれないかという相談であった。できれば簡単なスピーチも頼みたいのだけれど、とのこと。

祝いの席で懐かしい顔ぶれまでが揃うとなれば、是非参列したい。スピーチについては事前準備が必要だが、幸い何度か経験もあるし難しいものでもない。須藤さんはその申し入れに二つ返事で快諾したという。

「それで『スピーチまでお願いするわけだし、嫁さんの紹介もしたいから一緒にご飯行こう』って誘われたんだよ」

食事会の当日、指定されたイタリアンレストランで席に通されて待っていると、程なくモルダー先輩が現れた。その後ろには見覚えのある女性。

「あっ写真の！」

須藤さんが思わず声を上げる。

明里と名乗った女性は、モルダー先輩と和歌山で妙な発光体を見たというあの女性だった。聞くと入籍は数日前に済んでおり、数ヶ月後に式を控えているらしい。酒も入り懐かしさも手伝って、自然と会話に花が咲く。

「それで俺、モルダーにあの和歌山の話を振ったんだよ。ほら、スピーチで二人のなれそめとか、あだ名の由来とかも話そうと思って」

和歌山へ男二人で行ったこと、ナンパで心が折れたこと。海岸で初めて二人が出会ったこと。

話は進み、例の謎の飛行物体を目撃した場面にさしかかった辺りだ。

それまで饒舌《じょうぜつ》だったモルダー先輩に突然妙なことが起きた。

「それで、明里と沖合の方見て『あれなんだ?』って。でも、明らかにサイズがデカいんだよ。デカくて丸いのが空に浮かんでて——」

唐突に先輩の言葉が途切れた。

見るとなぜかぽかん、と口を開けたまま固まっている。

「どうした?」

思わず問いかける。

「あぁ……すまん。いや、そのデカくて赤い玉がさ……赤い玉が……あれ？　いや、うん。デカくて……なぁ明里。あれって、赤かったよな？」

曖昧な記憶を確かめる様に、隣でサラダをつついている明里に問いかけるが、明里は視線を向けず反応を返さない。

「確か、赤い……そう、あかいんだよ……あかくて……うん……なんだっけなぁ」

なんだっけ？　なんだっけ？　としきりに呟く先輩の様子は、先ほどまでとは明らかに違っている。

まるで定まらない虚ろな視線で天井の一点を見つめている。

その目はなぜか真っ赤に充血していた。

手に握られたままのフォークは皿の上で空転し、キィキィと耳障りな音を立てている。

「……おい、大丈夫か」

もう一度、声をかけたと同時に明里が体勢を変えて、体をぎゅっとモルダー先輩へ寄せた。その瞬間、須藤さんは思わず「えっ」と小さく声を上げた。

明里が体を密着させ、先輩の耳に人差し指を深く突っ込んだのだ。

くすぐっているかのようにも見える。しかし指先を見て、すぐにそうではないとわかった。

——尖ってんだよ。指が。

あまりに細い、針金みたいな尖ったそれが耳の中に深々と突き刺さっている。

唖然とする須藤さんの前で明里が奥をほじくるように指を動かすたび、先輩がひくひくと細かく痙攣する。

理解が追い付かずそれを止めることも出来ずにいると、ふいに明里が指をぐりり、と回した。

「あっ！　あっ！」

半開きになった先輩の口から、千切れたミートスパがボタボタとテーブルに落ちた。

かまわず明里がまた指を回す。ぐりりりりり。

「かはっ！　あっあああっ」

ソースが飛び散って先輩の白シャツにまだらな染みを作ったが、なおも止まらずダメ押しのように指を回す。

ぐりりりりり！

「赤！　赤赤！　アカアカアカァ！」

須藤さんが思わず明里の腕を掴もうとした瞬間、明里がひゅっと腕を引っ込めた。

勢いよく指を引き抜かれた先輩が「あふぅ」と呻く。明里は平然とした顔でテーブルに置いたナプキンで指を拭っている。

直後、先輩の悲鳴を聞きつけたウェイターが血相を変えて飛んできた。

大丈夫ですか？　と心配するウェイターに、明里は一瞥《いちべつ》もせず先輩の服を顎で指す。

「ミートソース。すごい零《こぼ》してるよ」

服を洗うと言って先輩が店のトイレへ消えたのを確認し、明里を見る。

この女は一体なんだ。

目の前で平然と携帯を触っている得体の知れない女に、須藤さんは結局何一つ聞けないまま黙って座っていることしかできなかった。

程なくして、シャツをびちゃびちゃに濡らした先輩が戻ってきた。

「お待たせぇお待たせぇ」

先ほどまでの出来事など、まるで無かったかのように明るい表情で席に着く。目の充血も引いている。

「で、なんの話だっけ？　……あっ！　そうそう！　結婚式！　式場の場所は――」

「いや、赤い玉見たって話だろ……」

ちらりと明里に目をやるが、相変わらず携帯画面に視線を落としたままだ。

「あぁ？　赤い玉ぁ……？　白浜のか？　ドローンだろ？　ドローンです。なぁ明里？

……ほら見ろ。ドローンですよあれは。急に何だよお前。殺すぞ」

――駄目だ。会話が全く嚙み合わない。それ以上に想像もしていなかった物騒な物言いに身がすくんだ。

「でさ、結婚式なんだけど」

何事もなかったように先輩が続け、結局そのあとはいかに挙式に金が掛かるのかを延々と熱弁されて会はお開きとなった。


自宅へ戻ったあとに御礼を兼ねてメールしてみたが返信はなかった。

それどころか聞いていていた式の日程が近づいても一切連絡が来ない。

一週間前になり、さすがにおかしいと他の友人へ連絡してみるとこんな言葉が返ってきた。

あいつ、ずっと前から入院してるよ。

それに加えてモルダー先輩は、三年前に既に結婚しているとのことだった。

意味がわからない。

いくら考えてもわからない。

それならば、直接本人に問いただせばいいのだ。須藤さんが見舞いに行こうと提案すると、やんわりと断られた。

「俺、前に一回見舞いに行ったことあるんだ。でもアイツもう駄目だよ。病気の影響だってよ。話しかけたってわかってねえの。耳に自分の指突っ込んでさ。ずっと天井見てウーウー唸ってんだもん」

——脳が萎縮してんだって。

だから残念だけど、会うのは諦めた方がいいよ。

競売の夢

怪談蒐集をしていると〈夢に纏わる話〉を耳にする機会は非常に多い。

「夢を見る」という行為自体が、無意識な精神世界と意識的な現実の境界を曖昧にするのだから、夢に纏わる類話が多いことは納得できる。

この体験談について筆者自身は〈予知夢〉に分類できるものと考えているが、読者の皆さまはどう捉えるだろうか。


嗣永さんいわく、きっかけは覚えていないという。いつの間にか見るようになっていた。初めて自覚したのは小学生の頃まで遡る。

夢の中ではどこかの古い劇場のような場所におり、中央に大きなステージがある。

夢は決まって、その舞台袖から客席を覗いている場面から始まる。

ステージを囲うように並んだ客席は、いつも満席状態だという。

開演を待つ喧騒が聞こえるのだが、耳に入るその言葉は知らない外国の言葉であることから「ここに日本人は一人もいないのだ」という確信がいつも頭に浮かぶ。

やがて開演を知らせるブザーが鳴り、場内の照明が落とされ、ステージのみがスポットで照らされる。

ステージには白い箱が三つ。

縦長の形をした大きな箱。

その箱の中にはたくさんの綺麗な花が敷き詰められていて、その花に囲まれる形で真ん中に不自然な大きな窪みが出来ている。

一体あれはなんだろう。そんなことを舞台袖で考えていると、ちょうど対角にある反対側の舞台袖から男性が一人現れる。

フロックコートを身に着け、シルクハットにステッキを持った風貌は、映画などで目にする「英国紳士」を思わせる。

彼は舞台を横切り、こちらまでやってくる。

そして戸惑う嗣永さんの手を引いてステージまで連れ出すのだ。

三つ並んだ箱を前に立ち、一つ一つの箱をステッキで指しながら、彼はいつも同じ説明をするのだという。

「これは君のお父さん」

「これは君のお母さん」

「三番目のこれ。これが君」

紳士が言い終わったその瞬間、客席から一斉に怒号のような歓声が上がるのだという。

そうして何百人の声に包まれる中で目を覚ます。

そんな不思議な夢を小学生の頃から今に至るまで、嗣永さんは繰り返し見続けている。

しかし嗣永さんが三十代になりしばらくした頃、父親が鬼籍に入ったことをきっかけに、夢の内容が変化したという。


葬儀の晩、同じあの夢を見た。

やはり自分は劇場の舞台袖にいる。満員の客席。

照明が落とされ、ステージに並んだ箱が見えて——。

違う。

二つしか箱がない。一番左の箱がない。

反対側から英国紳士が現れる。嗣永さんの手を取り、ステージまで連れていく。

いつもならそこで箱の説明を聞かされるのだが――。

その日は違っていた。


「お父さんはいないよ」

お父さんは、買われましたぁ――。

男が笑った瞬間、回線が切れるようにして突然目が覚めた。


覚めた瞬間、嗣永さんは男の言葉に妙に納得してしまった。

「親父、糖尿病でね。その合併症で太ももから先の両足切ってんだ」

父親は、亡くなる一年ほど前から車いすの生活を余儀なくされていた。

夢の中で見た白い箱。恐らくあれは棺だ。

中の窪みは遺体を寝かせるためのものだ。

父親のものだと男が指した箱には窪みが上半身分しかなく、ちょうど太もも辺りから下は花で埋まっていた。

そうなると気になるのが二つ目の箱と三つ目の箱だ。

男が母親のものだと告げた真ん中の箱。

そこには人型にくり抜かれたような全身サイズの窪みがあった。

ただ、三つ目の箱には窪みが一切なく、全面にぎっしりと花が敷き詰められていたという。

「どういう意味かも知らないし、『買われました』ってのもヘンな話だよ。親父がちゃんと天国に行けていれば良いんだけど」

今のところ嗣永さんの母親も存命である。

嗣永さん自身も至って健康ではあるが、気になるのは彼の職業だ。嗣永さんは現在漁師としてほぼ毎日のように海に出ている。海難事故では死体が揚がらないことが非常に多い。その場合は死亡届も受理されず、保険金が下りないケースもあるらしい。

「昔から『板子一枚下は地獄』っていうだろ？　一歩間違えばイッパツよ。それでも遺体が揚がれば家には帰れる。判別できればの話だけどな。しかしまぁ、死ぬときゃせめて布団の上で死にたいね」

そんな風に語ってくれた。

逆さ富士

牧野さんがカメラにハマったのは、古いカメラを父から譲り受けたことがきっかけだった。

当時は休日になると全国各地に出向き、様々な風景撮影を楽しんでいたそうだ。

「学生って時間だけはあるから。バイト代は全部、旅費と新しい機材に使ってたよ」

そのうち同じ趣味同士で語り合いたいと考えるようになった牧野さんは、ネット上でカメラ趣味の仲間を探し、その繋がりから愛好家が集う同好会にも顔を出すようになった。

同好会では月一で開催される交流会があり、そこにも毎月欠かさず顔を出していた。

ある時期のこと。

同好会内で展覧会を開こうという話が持ち上がった。二週間ほど都内のギャラリーをおさえて、メンバーそれぞれが撮影した写真を展示するのだ。

さっそく次の交流会で各々が撮影した写真を持ち寄った。

牧野さんもいくつかの写真データを持参して、他のメンバーとともにどれにしようかと見比べているときだ。

「ほぉ。逆さ富士とは縁起がイイですなぁ！」

小野さんという男性が横から覗き込んで声を上げた。

逆さ富士とは、富士山の山容を表す景観の一つである。周辺の湖の水面に富士山が上下反転した形で映り込む景色で、文字通り富士山が逆さに映ることからそう呼ばれている。

しかし、牧野さんの写真は富士山の写真でこそあるが、小野さんの言う逆さ富士のような写真ではなかった。そもそも逆さ富士を狙って撮影したものではないので湖面すら映っていない。

「これ逆さ富士じゃないですよ」

牧野さんがやんわりと否定すると、

「いやいや、見事な逆さ富士ですよ。大したもんだ。コンテストも狙えるんじゃあないですか？」

そう言って肩をバンバンと叩かれた。

牧野さんの否定は、どうやら謙遜《けんそん》と捉えられたようだった。

変なことを言う人だなと困惑しながらも、曖昧な笑顔を返してその場をやり過ごした。

その日の帰り道、駅までの道を歩いていると後ろから追ってきた小野さんに引き留められた。

帰り道がてら話を聞くと、実は明日から静岡に行くことに決めたのだと話す。

「いやぁ。あんな写真見せられたらそりゃもう。自分でも狙ってみたくなったというのが正直なところです。いやはや楽しみで」

目的は逆さ富士だという。

予報では天気も安定しているので、運が良ければ絶景を収められるはずだ。小野さんが矢継ぎ早に話しながら笑う。

元々、小野さんは誰もが知っているような大手有名企業に勤めていたと聞いたことがある。六十を過ぎてからカメラの魅力にハマり、引退後の趣味として楽しんでいる方だ。

金はあるだろうし引退後の身だ。気ままな計画も立てやすいのだろう。

「次回お会いするときには、見事な逆さ富士をお見せしますよ」

そう意気込む小野さんを改札で見送ったという。


その翌日の夜のことだ。

何気なく見ていたニュース番組に絶句した。

番組内では、どこかの山道を上空からヘリコプターか何かで撮影している映像が流れている。

緩やかなS字カーブを描く夜の山道で、カーブの先にはひしゃげたガードレールがある。その先は崖になっており、崖下には大きな暗いダムが広がっていた。

その周辺にいくつものパトカーや警察車両が見える。

ダムの水面からは白いセダンがクレーンで引き上げられ、下のテロップでは運転手の名前が流れていた。

――小野　茂孝さん　63歳〈死亡〉

「小野さんだったよ。死んでたの」

静岡へ行くと話していた小野さんが事故を起こしたのは、遠く離れた全く別の山奥だった。

カーブ前でアクセルを踏み抜き、崖下のダム目がけてガードレールを突き破ったセダンは、垂直に近い形で水面へ頭から突き刺さっていた。


小野さんが亡くなって二週間ほどした頃に、彼と仲の良かったメンバーから同好会へ招集がかかった。見てほしいものがあるのだという。

指定された場所へ着くと、すでに他のメンバーも到着していた。

「実は、小野さんの奥さんからカメラと写真データを預かってる」

恐らく奥さんは、自分が持っているより同じ趣味仲間に預けたほうが故人も喜ぶと考えたのだろう。

「展覧会があるわけだし、小野さんの写真も展示しようと思って。データを覗いてみたんだけど……」

言葉が途切れる。

「なんか変なんだよ……おかしいんだ……いや、ほとんど普通の写真なんだけどさ。最後の何枚かが、どうやったって意味がわからないというか……気持ち悪いんだよ」

困惑した表情を浮かべたまま、持ち込んだパソコンを開き〈小野さん写真〉というファイルをクリックする。並んでいるのは何の変哲も無い風景写真ばかりだ。

「この最後のファイルなんだけど」

そう言いながら手を止める。

——見たくない人は見なくていいから。


〈小野さん写真　十月二日〉

小野さんが亡くなった日付だ。三枚の写真データがある。

一枚目。

正面に山の剥げた傾斜面があり、下方には水面が広がっている。

あのニュースで見た事故の現場だった。

二枚目。

一枚目の写真と全く同じ景色。同じアングルから撮影されている。けれど一枚目に比べて、妙に写真全体が赤い。時間帯を変えて撮影したのか、恐らく夕方に撮られたものだろう。

「問題は……三枚目なんだけど……」

三枚目を開いた瞬間、その場にいた全員から「うぉぉ」というどよめきが上がった。

構図は一枚目二枚目と全く同じである。

けれど山の傾斜面をバックに、白いセダンが水面へ頭から突っ込んだ状態で写っている。

車体の半分ほどが水中へ沈み、よほどの勢いで落下してきたのか、斜面の左右にある木々は荒々しくへし折られている。

車体の周り、その空中に飛ぶ水しぶきまでがはっきりと見える。

それはまさしく事故の瞬間を捉えた写真だった。

まさに今、車がダムへ飛び込んだその瞬間にシャッターが切られている。

とすれば。

車内には絶命した小野さんがいる——。

ぞわりと肌が粟《あわ》立った。

その場の誰も声を出せず、沈黙が続く。

「……いや、これおかしいだろ」

そのうち一人が声を上げた。

「これ、小野さんの写真データだよな？」

「これだと、小野さん自身がダムの真ん中でカメラを構えてたってことになるぞ。あり得ないだろ」

確かにそうだ。そもそもこれは小野さんのカメラに残った写真データなのだ。カメラ自体は車の中から発見されている。

それにもかかわらず、事故の瞬間が写っているというのはあり得ない。

「それにだよ……あのデカいダムの真ん中まで、どうやって行ってカメラをセットすんだ？」

一体誰が？　どうやって？　何のために？

事故当時、カメラは助手席から回収されており、事故の衝撃で修復不可能なほど破損していたそうだ。そのカメラ内にあったSDカードに、この写真は保存してあったのだという。

この一件から、牧野さんはそれまで所有していた全てのカメラを処分した。

「こういうのって、余計なこと考え出すと駄目だよ……気持ち悪くってもう、写真なんか撮れねぇよ」

事故の瞬間を捉えた写真は、ダムに頭から突き刺さった車体が水面に反射していた。それはまさに、逆さ富士の構図のように見えたのだと牧野さんは話す。

「見事な逆さ富士、楽しみにしててくれって。どういう意味だったんだろうなぁ」

左利きの理由

鳥取に住む光井さんという六十代の女性の体験談だ。

本業を通じて関わりがある光井さんは、動物医学の研究に長年従事している方で、現在は研究会理事を勤めている。

打ち合わせのために光井さんの元へ訪れた際、何気ない会話の流れで怪談の採集を趣味としていると話すと、思いのほか興味を持ってくれたようで「もう四十年近く前の話だけどね」と打ち明けてくれた。

彼女が中学生の頃、当時流行してた遊びの中に〈コックリさん〉があった。

光井さんも、友達と何度かテレビで見たコックリさんの真似事のようなことをして遊んだことがあったそうだが、彼女よりこの遊びに熱を上げていたのが二つ年上の姉であった。

当時の姉は学校を終えると、毎日のように何人かの友人を連れ帰っては二階の自室でこっくりさんに興じていた。


その日光井さんは自宅に帰ったあと、一階のリビングで母親とテレビを眺めていたそうだ。面白くもないワイドショーを眺めていると、玄関で姉の声がした。しかしいつもはガヤガヤと騒々しく聞こえてくる声が今日は聞こえない。

玄関を覗くと、その日姉が連れ帰ってきたのは姉の親友であるケイちゃんという女の子一人だけだった。

「今日だけちょっと手伝って」

他の友人はあいにくその日都合がつかなかったらしい。

階段を上がり、二人に続いて部屋に入る。

開けた窓と、折り畳み式の小さな丸テーブル。

そこにいつも使っているであろう台紙と十円玉を置いて部屋の電気を落とした。

姉に促され、三人で卓を囲む。

二人が十円玉に右手の人差し指置いたのを見て、光井さんもそれに倣《なら》う。指が揃うと姉はおもむろに「こっくりさん、こっくりさん」と呼びかけ始めた。


しばらく待ってみたが、特に変化はない。

姉とケイちゃんが交互に質問をしていくのだが反応はない。

窓からは夕陽が差し込んで、部屋を赤く染めている。

季節はちょうど夏から秋に変わる頃。この時間になると薄手のシャツでは少し肌寒い。窓から冷たい風が吹き込んで肌を撫でるたびにプツプツと鳥肌が立つ。

箪笥《たんす》から出したカーディガン、リビングに置いてきちゃったな。

そんなことを考えていると、不意に指先が小さく滑り、十円玉が紙の上でゆっくりと円を描き出した。

あっ、動く。動いてる――。

二人も黙ったまま指先を見つめている。

もしかするとどちらかが動かしてるのかもしれない。

そう考えたのだが、それにしても挙動が変だ。

文字の上には留まらず、同じ軌道でぐるぐると円を描くだけで〈はい〉や〈いいえ〉の文字を無視するように回り続けている。

「なにこれどうしよう」

「こっくりさん止まって下さい」

「止まって下さい」

声を無視するように十円は三人の指を乗せて回り続ける。

「おねえちゃん」

「だめ。離さないで。絶対」

声が震えている。

そのとき妙な違和感を覚えた。何かおかしい。何がおかしい?

十円玉が走る台紙をじっと見る。

何かが。何かが――。

間違っている。

――逆だ。

「あ」から「ん」までの全ての五十音の文字が、鏡文字のように反転している。

「おねえちゃん！　逆！　逆だよこれ！」

咄嗟に叫んだが上手く意味が伝わらなかったのか、二人とも不安そうに顔を上げるだけだ。

その瞬間、もう一つ気づいたことがあった。


右手の人差し指で十円玉を押さえている。

それなのに。

親指が外側に付いてある。そして本来の親指の位置には小指があるのだ。

咄嗟に膝の上の左手を見る。

やはり親指は外にあって小指が内側にある。

まるっきり、手首から先が逆になっている。

自分の目がおかしくなったのか。あるいは何かの錯覚か。

恐る恐る左手の親指に力を込めると、内側の小指がピクリと動いた。

――あっ、感覚も逆なんだ。

「ちょっと！」

姉の声で我に返る。

見ると、いつのまにか光井さんはテーブルの上から指を離していた。

そのときには、もう腕も台紙も元に戻っていた。

姉が立ち上がり、部屋の電気をつけるためにスイッチに手を伸ばす。

同時に階段を上がってくる音がして部屋のドアが開き、母が顔を覗かせた。

しかしなぜか母は階段を見つめて首をかしげている。

「あれ？　今……ほら、お姉ちゃんのお友達、下にいたから部屋まで連れてきたのに」


母がリビングでテレビを見ていると、玄関の方から視線を感じた。

視線を向けると玄関と居間を繋ぐ廊下に吊ってある玉のれんの向こうに、女の子が一人立っている。

「あの子、初めてうちに来た子でしょう？　お母さん見たことないもの。一階でウロウロして変なこと聞くもんだから、上まで連れてきたのよ」

「変なことって？」

「『右ですか左ですか？』って聞いたの。だから、部屋なら二階よ、って」

母によると、階段では確かに後ろを付いて上る気配があったという。しかしドアを開けて振り返ったときには誰の姿も無かったのだそうだ。

翌朝のこと。

家族揃って朝食を摂っているとき、向かいに座る姉を見て光井さんは思わず声をかけた。

「ねぇ、なんで左手で食べてるの？」

姉が怪訝な顔をこちらに向ける。

「何言ってるのよ。私ずっと左利きでしょ」

光井さんの記憶では姉は間違いなく前日まで姉は右利きだった。それは間違いないのだが、家族全員が姉は昔から左利きだったと譲らない。家族で姉だけが唯一、左利きなのだと。光井さんの姉は今現在も左利きのままであるそうだ。

「変な話でしょ？　……でもこれって私がおかしくなったのかな……」

「お姉さんの小さいときの写真で利き手が写ってる写真とか残ってないですかね？」

「そう！　私もそう思ってね、アルバム引っ張り出して確認してみたんだけどねぇ……」

利き手の判別できる全ての写真において姉は左利きであったそうだ。

「こういう話って、よくあるの？」

光井さんが困惑した表情を浮かべている。

「いやぁ、どうなんでしょう……」

顔が強《こわ》ばっているのが自分でもわかった。

目の前に座る光井さんの左手にはしっかりと箸が握られている。

ついさっき姉が家族で唯一左利きだと話をしたのは、ほかならぬ光井さん自身だ。

「あの……でも、光井さん自身も……左利きですよね」

「あぁ！　これ！　そうそうそうそう！」

光井さんがテーブルを越えるように身を乗り出し、こちらに右手をぐいっと差し出した。

——ほら！

そう言いながら人差し指をキュルキュルと回す。プラスチックが擦《こす》れるような甲高《かんだか》い音がして、指先がすぽん！　と抜ける。

精巧な義指だった。

第一関節の断面から銀色のボルトが覗いている。

光井さんが動かすと細かな関節が可動し、まるで銀色の太い芋虫が指先でウネウネとのたくっているようにも見えた。

「これね、中学三年生のときに自転車で事故に遭っちゃって。バイクと接触して、あっ！と思ったときにはもう病院のベッドにいてね……そのときに飛んでっちゃった指、どうしても見つからなかったの。だから私、元々右利きなんだけど、動かないからね」

——あのときから私は自分で左利きになったのよ。

オートマタ

〈呪物人形〉と呼ばれるものがある。

古くは藁《わら》人形に始まり日本人形や市松人形、海外製のものや、動物を象《かたど》ったような愛らしい姿をしたものも多い。これらはネット上のオークションなどでも頻繁に取り引きされ、ときには驚くような高値で売買されるものも存在する。

そんな呪物人形ではあるが、昨今はコレクターによってイベントや展示会などで披露される機会も増え、いまや愛すべきキャラクターとして一部のオカルトファンから愛称で呼ばれ親しまれたり、関連するグッズが販売されたりと、まさにアイドル的人気を博している。令和におけるオカルトブームのある意味での立役者といっても過言ではないだろう。

このように市民権を得た彼や彼女たち呪物人形ではあるが、〈呪物〉と名の付く通り、有している謂れについても忌まわしいものばかりで、かつ千差万別である。

知らずのうちに髪が伸びる、捨てても帰ってくる、というオーソドックスでソフトなものから、所有者は死ぬ、大事にすると死ぬ、必ず死ぬ……。など身もふたもない凶悪な謂れのついた禍々しいものまである。

沢木さんの体験談もこういった人形に纏わるものだ。


発端は沢木さんがまだ中学生の頃まで遡る。

その頃、親戚の叔母が小さな骨董店を営んでいたそうだ。

店は沢木さんの自宅から歩いて十五分ほどの距離にあり、叔母を慕《した》っていた沢木さんは叔母に会うために、たびたび店を訪れていた。

道路に面したガラス張りの小さな店で、狭い店内には一目見て高価だとわかる動物の剥製から、異国のアクセサリーなどが雑多に並べられてあった。

繁華街に近いという立地からか訪れる人も多く、子供の目から見てもそれなりに繁盛しているように思えた。

その日沢木さんが店を訪れると、陶器が並べられた棚の中に見慣れぬ人形を見つけた。西洋風のアンティークドールで、叔母に聞くとそれは〈オートマタ〉と呼ばれる機械式人形であるらしかった。

背中にあるゼンマイを巻くと、人形の足元の装飾箱に入ったオルゴールが鳴る、という仕組みのものだ。

人形の顔立ちは美しく、少しウェーブがかったブロンドの髪が整った顔によく似合っていた。細かな模様の入った可愛らしいドレスも相まって、西洋らしい華やかな印象を受ける。一目見た瞬間から、沢木さんはこの人形に強く惹きつけられた。

そっと棚に手を伸ばして触れてみると、想像していたよりも重量がある。誤って壊してしまわないように丁寧に手に取り、叔母に断りを入れてゼンマイを巻いてみると、きらきらと軽やかな音色がオルゴールから流れ出した。

「可愛いでしょう?」

その様子を奥から見ていた叔母が声をかける。賛同しつつも沢木さんは人形から目が離せなかった。吸い込まれるような深いグリーンの瞳に、店内の暖色灯が反射して映り込む。

「首のうしろに名前が書いてあるのよ」

人形の髪を上げると、確かにうなじ辺りに小さく〈Ｌｅａ〉と刻まれていた。

次に値段の書かれたプレートに目をやるが、到底買えるような金額ではなかった。

「中学生には買える値段じゃないのよ。でもどうしても欲しくなっちゃって」

なんとしてもこの子を連れ帰りたい。けれどもこんな大金なんて持っていない。

そんな心情を察したのか、叔母がこんな提案をしてくれた。

この人形を高校入学の前祝いとしてプレゼントする。その代わり、志望校へは絶対に合格すること。

「きっとうまくいくから。頑張りなさい」


かくして人形を譲り受けた沢木さんは、早速彼女を自宅へ連れ帰った。

人形は自室の一番目立つ机の上に飾った。陽当たりも悪くない。

——今日からここが貴方の特等席。これから宜しくね。

そう告げてゼンマイを回すと、軽やかな音色が部屋の中に響いた。

その後、沢木さんは受験勉強へ一層励み、見事第一志望の高校へ合格することとなる。高校に入学してからもたびたび叔母の店を訪れては、学校生活や友人のことを報告していた。そのたびに叔母は微笑《ほほえ》みながら沢木さんの話を嬉しそうに聞いてくれたのだそうだ。

そんな叔母が急逝したのは、沢木さんが高校三年に上がった頃だった。営業時間中に倒れたのだが、発見が遅かった。タイミング悪く店内には叔母以外誰もおらず、訪れた客が倒れている叔母を発見したときにはすでに心肺停止状態にあった。すぐに蘇生措置がとられたが、その甲斐なく叔母が戻ることはなかった。

異変が起きたのは、叔母の葬儀を終えてしばらくした頃だ。

「最初はね、故障か何かだと思ったの」

夕食を終え自室へ入ると、机の上でオルゴールがひとりでに鳴っている。しかしそれは、聞き慣れたいつものメロディーとは明らかに違う曲だった。元々の明るく煌びやかな曲調ではない。もっと物哀しさや寂しさが印象に残る旋律。

なんだろうこの曲。

椅子に腰掛け、耳をかたむける。

そうしていると突然、なんの前触れもなく沢木さんの胸中にある強い思いが浮かんできた。

「急にね……本当、急に」

沢木さんの表情が沈む。

——あぁ私、死にたいなぁって。


気がつくといつの間にかオルゴールは止まっていた。

沢木さんはなぜだか自分でもわからないまま、ぼろぼろと涙をこぼして机に突っ伏して泣いていた。けれど、次に顔を上げたときには先ほどまで浮かんでいた暗い願望は霧が晴れたように消えていた。

一体なんだったのだろう。

整理のつかない頭のまま、無言の人形に手を伸ばす。

元々オルゴールには何曲か収録されているものなのだろうか。

そう思って人形の台座を開けて中を確認する。内部の構造は極めてシンプルな造りになっていて、複数の曲が流れるような仕様ではなかった。もう一度、確かめるためにオルゴールを流してみる。

聞き覚えのある元の曲だ。

そうなるとやはり先ほどの曲がどういった原理で流れたのかわからない。


これが最初だった。

以降、〈入っていないはずの曲がひとりでに流れる〉という現象が幾度となく起こった。

唐突に流れ始めるメロディーを沢木さんが認識した途端、意識がグラリと揺らぐ。

強い眩暈《めまい》。地面がグニャグニャとたわむように不安定になり、すぐに立っていられなくなる。呼吸がどんどん浅くなり、それに比例して強烈な希死念慮が胸に浮かぶ。

涙が自然と溢れてくるが、その間途切れることなくオルゴールは鳴り続ける。

——死にたい。死にたい。死にたいのよ。

――誰か。誰か。

胸の中で強く死を想いながらも、もう片方では助けを求めている。

抗えない死への願望は最初こそオルゴールが途切れると消えた。しかし回数を重ねるにつれて後を引き、次第に沢木さんの胸の中に燻《くすぶ》りを残すようになった。

何度目かのオルゴールの音を耳にしたとき、突然プツリと意識が途切れた。

次に気がついたとき沢木さんは、電気の消えたキッチンで一人包丁を握り締めて立っていた。耳の奥には、あのメロディーがまだ残っている。

このままではいつか本当に自分は死んでしまうのではないか――。

恐ろしくなった沢木さんは、人形を新聞紙で厳重に包み、ガムテープでぐるぐる巻きにして処分した。

翌朝ゴミ収集車が人形の混ざったゴミ袋を回収する様子を確認し、ほっと胸をなで下ろした。

それからしばらくは平穏に過ごすことができた。

大学二年の頃、ある夢を見た。

夢の中で沢木さんは自室で机に座っている。

遠くから微かに、あのメロディーが鳴っている。部屋を出て階段を下りると、玄関先に死んだ叔母が立っていた。

うつむいており表情こそ見えなかったが、なぜか雨に打たれたかのように全身を酷く濡らしていた。びしょ濡れの叔母が何かをずいと沢木さんへ差し出した。

白いポリ袋だった。

コンビニで貰うような簡素な袋で、何が入っているのかまではわからなかった。

沢木さんが黙ってそれを受け取ると、叔母は何も言わず玄関の扉を開き出て行ってしまった。

目を覚ますと、全身にびっしょりと汗をかいていた。怖い夢ではなかった。大好きだった叔母の夢。しかし妙に不安になった。叔母さん。死んだ叔母さんの夢――。

外はまだ暗い。

微かにあのメロディーが聞こえる。

いや、これは幻聴だろう。夢の内容が脳に残っているだけだ。

けれど、これがはたして本当に頭の中だけで鳴っているのか確信が持てない。音はすぐ耳元で鳴っている気もするし、もっと遠くから聞こえる気もする。

次に気づいたときにはカーテンの隙間から朝日が差し込んでいた。ベッドを抜けて部屋をドアに手を掛けたとき、ドアの向こうで何かがガシャンと音を立てて落ちた。みるとドアの前に白いポリ袋がある。袋の隙間から、粉々に割れた見覚えのある人形が覗いている。震える足でポリ袋を廊下の隅にやり階段を駆け下りる。キッチンに立つ母に声をかけようとすると、先に母が口を開いた。

「あのオルゴール、壊れてるんじゃないの？」

昨晩母が沢木さんの部屋の前を通りかかると、部屋の中から微かにオルゴールの音色が聞こえてきた。沢木さんがまだ起きているものだと思ったそうだが、早朝再び目が覚めたとき、まだ微かにあのメロディーが聞こえるので不思議に思ってそっと部屋を覗いた。

すると眠る沢木さんのベッドの横に人形が置いてあり、そこからオルゴールが流れ続けていたのだという。

母は沢木さんがあの人形を捨てたことを知らない。

「あの曲だったっけ?」

母が聞いたメロディーはやはりあの収録されていないはずのものだった。

「〈過ぎし春〉ね。悲しい曲だけれど母さんは好きよ」

母を連れてもう一度階段を上がると、人形の入ったポリ袋はどこにもなくなっていた。


それ以降、一度も人形は現れてはいないし、叔母も夢に出てこない。

けれども、たまに家の中でオルゴールを微かに耳にすることがあると沢木さんは話す。

物置、クローゼット、靴箱の奥。

姿は見えないが、捨てたはずの人形は、やはりすぐ近くにいるのだと沢木さんは考えている。

あのメロディーが耳に届くたびに、どうにも死にたくなるのは今も変わらないのだという。

沢木さんが困り果てたような表情でぼそりと呟く。

「……もう一度捨てようにも人形がどこにもないんだから、どうしようもないじゃない」

燃える家　その一

「場所はわからないようにお願いします」

渡瀬という後輩が、大学入学までのおおよそ十年間に体験した話だ。

中学生当時、渡瀬は両親と二人の弟の五人で、三階建ての一軒家に住んでいた。渡瀬が小学五年生のとき父親が建てたものだ。

二人いる弟のうち上の弟は当時小学生で、地区の少年野球チームに所属していたそうだ。

「ピッチャーだったんですよ。父が野球大好きで熱心に教えてて。毎週末になると小学校のグラウンド使って試合とか練習とかやるんですけど、うちは決まって家族総出で応援しに行ってたんです」

地区ごとに組まれたチームは一年生から六年生までが参加していた。チームの監督やコーチは父兄の中の有志で編成されていたという。

「少年野球ってだいたいどこも同じだと思うんですけど。保護者会っていうのがあるんです。要はチームのお世話を保護者会がやるんですよ」

話によると練習試合のスケジュール調整から年間行事の計画、雑務に至るまで保護者会によってサポートをしていたそうだ。また野球チームといっても野球だけを行うわけではない。あくまで子供たちに団体での規律や協調性を学ばせるという目的がある。

そのため年間行事の中には合宿などの行事もあり、そこでは子供たちが純粋に楽しむためのレクリエーションも組まれていた。

そういった業務を一手に引き受ける保護者会では、保護者同士の交流も少なからず生まれるのだという。

渡瀬自身も保護者会の手伝いをしているうち、同じように兄弟の応援に来ている同世代の友人や顔見知りも増えた。そんな中で、ある噂を耳にすることになる。

「不倫です。保護者同士の不倫。結構あるみたいなんですけど、そのとき噂になってたのがチームの笠原って監督と、後藤って子のお母さん」

笠原という男性はチームの監督であり、選手の父親でもあった。

いわく、こういった「保護者同士の不貞関係」は保護者会において珍しいことではないのだという。

「他にも色々噂は聞いたことありましたけど。あのときに限ってはすぐに知れ渡ってましたよ。結構な人が目撃してましたから」

すぐに両家族の耳にも入り事態は泥沼化、最終的には裁判にまで発展していった。

裁判の結果までは知らないそうだが、後藤家のほうは早々に離散してしまったと聞いた。

「後藤君の家族はすぐ見なくなっちゃって。離婚して引っ越していったんでしょうね、多分」

問題は笠原家だった。

「この監督の息子が弟のクラスメイトだったんですよ。で、家もすぐ近くだったんで、お母さんがうちの母親とすごく仲良くて」

当時は学校から帰宅すると、二階のリビングで母と笠原君のお母さんが、暗い顔で話し込んでいるのを見ていたのだそうだ。

「まぁ……そりゃショックですよね。旦那が他の保護者、それも知り合いと浮気してたなんて。その女も何食わぬ顔で保護者会にいたんですから」

おそらく渡瀬の母は精神的に疲弊している笠原君のお母さんの相談にのって、励ましていたのだろう。

そんなときにある事件が起きる。


笠原さんが亡くなった、との訃報を、渡瀬は学校から帰宅した後に母から聞いた。

「リビングで母が凄い勢いで泣いてて。聞いたら『笠原さん死んじゃった』って」

亡くなったのはその日の早朝。第一発見者は息子だったそうだ。

朝目覚めると、普段はキッチンに既に立っている母親の姿がない。母を探して家中を探し回ったあと玄関横の車庫を覗いたところ、車内で亡くなっている母親の姿を見つけたのだという。

「自殺だったんですけど、その方法が結構凄くって……。自分の喉を包丁で突いて死んだみたいです。何回も突いたもんだから、車の中は凄い状態になってたって」

第一発見者である息子の絶叫で近隣の住民が気づき、すぐに警察へ通報が回った。

騒ぎに気づいた父親と幼い妹もパジャマ姿で車庫に出てきており、その凄惨な現場を前に呆然と立ち尽くしている姿も目撃されている。

なんでこんなことに、と泣き崩れる母の背中を渡瀬はそっと撫でることしかできなかったという。


それから二ヶ月ほど経った日のことだ。

「駅前のコンビニで立ち読みしていたんですよ。で、雑誌コーナーの前がガラス張りで駐車場になってるんです。珍しい車だったからすぐにわかりました。笠原さんが亡くなってた車です」

目の前に停車した外車の運転席から降りて来たのは監督だった。続いて助手席が開く。

「浮気相手ですよ。もう本当びっくりしちゃって……あり得なくないですか？　まだ関係続けてたんですよ。奥さん亡くなってるのに。それどころか奥さんが自殺した車、綺麗にはなってましたけど。それに乗ってるんですよ。本当……あり得なくないですか？」

べったりと寄り添いながら店内へ向かってくる二人に怒りがこみ上げる。今すぐ目の前に飛び出して怒鳴りつけてやりたい。入れ違うようにして、二人を睨みつけながら店を出る渡瀬に、二人は全く気付いていないようだった。

早足で自宅へ戻り母のいるリビングへ上がり、母に今見たものを矢継ぎ早に告げると、母は苦々しい顔を浮かべた。

「あそこはもう駄目。あそこの旦那が悪いのはもちろんなんだけど。家が悪い」

「家？　家が悪いってどういうこと」

「あんたはわからないでしょうけど。あの家、ずっとね……燃えてるのよ」

「燃えてる？」

燃えてるとは一体どういうことなのか——。

「うちの母って、昔からそういう変な感覚っていうのが鋭いんです」

母が言うには笠原さんが亡くなって以降、昼夜を問わず笠原家が炎に包まれて見えるのだという。

笠原家は、渡瀬宅から大きな幹線道路を挟んだ向かいにあり、遮る建物は何もない。距離にして四十メートルほど。その笠原家が母には真っ赤な炎に包まれて見えるというのだ。

それだけではない。

遮るものがないせいか、風向きによっては自宅にいても、木材の燃えるような煤《すす》けた匂いが自宅まで流れ込んでくるのだという。母には何よりそれが恐ろしかった。

とにかく不快で気持ち悪い。

――なるほど。だからか。だから最近母は「その方角の窓を決して開けたがらない」のだ。

ただ、この匂いも燃え上がる炎も、母以外には誰も感じることはなかった。

――笠原家が燃えている。

そう母に聞いて以来、近くを通るたびに注意深く観察してみたのだが、一切の異変を感じ取ることはできなかった。

その後、この〈燃える家〉に住む弟の同級生であった笠原君とその妹が転校することとなる。

「笠原君と妹さん『島根のお婆ちゃんの家に引っ越しするんだ』って弟に漏らしてたそうなんですけど。父親だけはあの家に残ることになったんです」

「でね、弟に話してたらしいんですけど『引っ越しの理由はお母さんのことだけじゃない』って。『最近妹の様子がおかしい』って話してたみたいです」

渡瀬の弟が笠原君に学校で聞いた話だ。

笠原君と妹は自宅三階の部屋で、布団を並べて寝ているらしい。


深夜、突然響き渡る妹の声で目が覚める。

慌てて飛び起きると隣に寝ているはずの妹の姿がない。部屋を飛び出して廊下に出ると、別の部屋で寝ていた父親と鉢合わせた。

きゃはははははは。

妹の声は一階の洗面所辺りから響いてくる。

二人で階段を駆け下り、洗面所のドアを開ける。電気の消えた真っ暗な洗面所。そこで妹が鏡に向かって笑い声を上げている――。

これが連日のように続いているのだそうだ。しかし肝心の妹に聞いてみても、要領の得ない返答が返ってくるばかりなのだという。

おそらくは急激な環境の変化による精神的なストレスが原因で、幼い心に掛かる過剰な負荷が奇妙な行動として表れていると考えるのが妥当だろう。

その後、笠原君と妹が引っ越し、事前に聞いていた通り父親だけが家に残った。自宅に一人で出入りする様子を、渡瀬自身よく見かけていたそうだが、しばらくしてこの家にもう一人出入りする人物が現れた。

後藤家の母親である。

渡瀬の母は、不倫相手の二人があの〈燃える家〉に何食わぬ顔で入っていくことがとにかく恐ろしいと渡瀬に漏らしていた。

渡瀬の自宅で不可解なことが起き始めたのは、ちょうどこの時期からだという。

燃える家　その二

最初の異変は〈何かの気配〉だった。

それは一人のときも、家族でいるときも変わらず家の中にあった。大抵は三階の弟と渡瀬の部屋を繋ぐ廊下の突き当たりで、強く感じることが多かった。

ある深夜のこと。二階のリビングから階段で三階に上がると、視界の端の廊下に何者かの強い気配があった。自室のドアを開けた瞬間、それが物凄い勢いで一直線にこちらに向かってきた。半身を滑り込ませるように急いで部屋に入りドアを閉めると、その向こう側から人とも獣ともつかない荒い息づかいが聞こえてきた。

翌朝になってこの出来事を弟に話すと、弟も数日前に全く同じ体験をしていたということが判明した。

「もうそれが怖くて……。三階に上がるたびに待ち構えてるもんだから、絶対見ないようにしてなんとか過ごしてました」

お母さんには話した？

「話しました。でも『気にすると余計駄目だから。あんたの家なんだから堂々としてろ』って」

母の言う通り出来るだけ気にせず日々を過ごしていたそうだが、一度だけ部屋に入られたことがあったという。

ベッドで眠っているとふいに部屋の床が軋んだ。

そのときは部屋の中央に背を向ける姿勢で布団に入っていたため、姿は確認できていない。しかし明らかに部屋の中に誰かの気配があった。同時に強い獣臭のようなものを感じたという。

これが家族の誰かではないということだけは、はっきりとわかる。なんとかやり過ごそうと懸命に目を閉じていると、その気配はしばらく部屋の中を歩き回ったあとふいに消えた。

次の日、不機嫌な顔をした弟に「姉ちゃん昨日の夜、俺の部屋来た？」と聞かれたそうだ。

また別の日。家族で外食したあと全員そろって自宅へ戻ると、リビングに飾っていたはずの家族写真がなぜか玄関先にあった。あったといっても丁寧に飾られていたわけではない。ケースごと床に向かって、まるで力任せに叩きつけたかのように、粉々に割れていた。

「その頃は家族みんな神経質になってて。弟とも仲が悪くなって……。まぁ思春期っていうのも、もちろんあったんですけど。とにかく家で過ごすのが嫌で……。学校が終わると適当にどこかで時間潰すのが日課になってました」

渡瀬家で起こる不可解な出来事は、大小全て含めると覚えているだけでも数十にのぼるが、その中でも頻発する現象があったという。

「音がするんです」

「音？」

「何か重い球……？　みたいな。ボーリングの球みたいなのが転がるような音です。特に家族全員が二階のリビングで揃ってるときに三階で」

リビングの真上は三階の廊下部分になっている。彼女と弟が妙な気配を感じるといった場所だ。その廊下を重い球体がゆっくりと転がるような音がする。

ごろ。ごろ。

ごろ。ごろ。

それが始まると、誰ともなくテレビを消し、全員でまんじりと天井を見つめる。

ごろ。ごろ。

ごとん。

何かが階段を下りてくる。

ごとん。一段ずつ。

ゆっくりゆっくり下りてくる。

ごとん。

下りきった先は全員が揃うリビング。摺りガラスのドアを隔てて自分たちがいる。

音はいつもそこで止むという。

「父がドアを開けるんですけど、何もなくて……。でもやっぱり気持ち悪いじゃないですか。お祓いしようって両親に話すんですけど『気にするな』としか言わなくて」

何かが家の中にいる。

姿のない気配と音だけが、家中を徘徊している。

そんな現象が続いていた頃、渡瀬は高校三年生になり、末の弟が兄と同じ少年野球を始めていた。両親は変わらず保護者会へ参加していたが、渡瀬自身は大学受験を控えていたためグラウンドまで応援に行くことは無くなっていた。

夏休みに入り、毎年恒例の練習合宿に弟が参加することとなった。

「そのときの写真データが保護者会で回ってきたんです。それを家族みんなで見てて」

最初に気づいたのは渡瀬だった。何十枚の写真データの中から弟が写っているものを探していたとき、一枚の写真で手が止まった。

「これヤバくない？」

どれどれと父が横からパソコンの画面を覗き込んで、うわっと声を上げた。

キャンプファイヤーのときに撮影したもので、弟とチームメイトが二人で仲良さげに肩を組んでいる。その背後の炎の中に〈女の顔〉があった。

首から下は写っていない。女の頭が炎の中から、こちらを窺うように視線を向けている。

「作りものじゃないかって思うぐらい、はっきり写ってました。家族で『心霊写真だよ、これ』ってすごい盛り上がって。でも上の弟だけ真剣な顔で写真を見ていて……それで私に言ったんですよ『姉ちゃん、これ駄目だよ』って」

——これ、笠原のお母さんだよ。

そうだ。この顔には見覚えがある。

目元も口も輪郭も。

「その後すぐにデータは消去しました。他の保護者もあの写真には気づいていたと思います。でも誰も何も言っていなかったみたいです」

それから数日後、例の写真に弟と肩を組んで一緒に写っていた飯田君という友達が、その母親と共に自宅へ遊びに来ることになった。

その日は日曜日で、渡瀬はリビングでテレビを観ていたそうだ。

昼過ぎにインターホンが鳴り、台所で片付けをしていた母が応対して一階へ階段を下りていった。ガチャンと玄関を開ける音が聞こえたその直後。

「いやだいやだいやだ！」

子供が泣き叫ぶような声がする。

「どうしたの！　何がそんな嫌なの！」

「いやだいやだ！　絶対に入りたくない！　帰る！　帰る！」

声から推測するには、それは飯田君と母親のものだった。激しく言い争うような声が階下から響いてくる。

ベランダに出て弟と並んで玄関先を覗くと、玄関ドアの前のスペースで飯田君が尻餅をついたような姿勢で泣き叫んでいる。母親がその飯田君の腕を掴み、引き起こすように引っ張っていた。

しばらくその様子を眺めていたのだが、そのうち泣きじゃくる飯田君がずりずりと這うようにして外門へ向かっていった。そのまま門を抜けると、一目散に大通りの方へ駆け出して行ってしまった。飯田君の母親が玄関へ向けて、しきりに頭を下げながら追う。

しばらくして渡瀬がリビングへ戻ると、母が二階へ上がってきた。

「ねぇ。さっきの何？　飯田君、なんで帰ったの？」

「お母さんもわかんないよ。落ち着いたら電話するって」


迎え入れようと玄関を開けたときにはすでにあの様子だったようで、何を聞いても『帰りたい』『入りたくない』の一辺倒だったそうだ。

釈然としないままリビングで過ごしていると、電話が鳴り母が受話器を取る。おそらく相手は飯田君のお母さんだ。

何やら話し込んでいる中で、一度だけ『えっ』という母の大きな声を聞いた。

しかしそれ以降の母は、時折押し殺したように何かをぼそりと呟くだけで、あとはほとんどうなずくだけだった。

「飯田君のお母さん？　何か言ってた？」という問いに母は「あんたはいいから」とだけ言い残しそのまま階段を降りていってしまった。

玄関ドアの開く音がして、母が乗り込んだ車が車庫から出て行った。

一体なんなんだ。

それから一時間ほどしたあと、母は帰ってきたので玄関まで出迎えたのだが、なぜか汗だくで、両手に大きな段ボールを抱えている。それを玄関に置き無言で開けた。めりめりと勢いよく剥がされた段ボールから中身が覗く。

「塩だったんです。袋詰めされた〈大量の塩〉。たぶん近くの業務用スーパーで買ったんだと思います」

呆然と見つめていると、母が袋の一つを段ボールから取り出し、乱雑に封を破く。そのままばさばさと玄関にまき散らし始めた。

「ちょっと待って何？　何してんの！」

「いいから黙ってて！」

母はそう喚《わめ》きながら二つ三つと袋を開け、中身を床にまいていく。

二階から騒ぎを聞きつけた父と弟が「なんだどうした」と玄関に集まる。

なんとか母をなだめ、一度話を聞こうとリビングへ上がった。

しばらくして落ち着きを取り戻した母が語ったのは、先ほどの飯田君のお母さんとの電話の内容だった。

「もしもし？」

『あっ飯田です。渡瀬さん、さっきは急にごめんねぇ』

「それは全然いいんだけど。大丈夫だったの？」

『うん。さっき帰ってきて。だいぶ落ち着いたみたい。今は部屋で眠ったところ』

「そうよかった。で、結局何だったの？」

『いやそれがねぇ……まぁ子供言うことだから。話半分で聞いてほしいんだけどね……』

——なんだか妙に歯切れの悪い言い方だ。

しかし子供がパニックを起こすほどの理由がある。気にならないわけがなかった。電話口の向こうで渋る飯田君の母親に先を促す。

「ごめんね。こんなこと言うのもあれなんだけどね。なんていうのかな……渡瀬さんのおうちがね……』

——燃えてるって言うのよ。

「えっ」

『ごめんねこんなこと。いや……私にも何がなんだかわからないんだけど……『家が燃えてるから怖いんだ』って。それで玄関で出迎えてくれたときに、廊下も全部燃えてるように見えたみたいで……奥の階段にお化け？　みたいなのが見えたって……女の人の頭が階段からごろんごろん！　って転がってきてこっちを見て嗤《わら》うんだ。だから入れないって』

本当にごめんなさいね、と何度も謝る飯田さんとの電話を終え、母はすぐに塩を買いに走ったというわけだった。

それまで自宅で起こっていた出来事と飯田君の話が、奇妙な符号によって重なっていくようで心の底から恐ろしくなった。

「だからあんたたちもこの塩、自分の部屋に撒いてきな」

そう言って母が塩の袋を差し出したときだった。

――ごとん。

誰もいない三階であの音が鳴った。

「それでまぁ、さすがにうちの親もヤバいと思ったのか、お祓いみたいなこともしてもらったんですけど。効果なし」

その後、渡瀬は大学に無事合格し、一人暮らしを始めることとなった。

ここまでの体験を聞かせてもらったあと、もっと詳細が知りたくなり、彼女の母親に取材させてもらえないかと頼んでみたのだが、それは叶わなかった。

「全部うちの父親が悪いんですよ。あいつ浮気して外にオンナ作って。それでうちの母が病んじゃって」

——自宅の車庫で自殺しました。

父親とは絶縁状態にあるようだが、二人の弟は現在それぞれ結婚し、幸せな家庭を築いているそうだ。

現在、笠原家と渡瀬家は共に売却され、既に別の家族が住んでいる。

恐の胎動

「亜弥のことは諦めました……見捨てたんです」

関西在住の舞美さんが友人の亜弥さんと知り合ったのは、大学に入学してからすぐのことだ。同じ学部に所属し、選んだサークルも同じ。二人は時間もそうかからないうちにすぐに打ち解けた。

学内はもちろん、私生活においてもそのほとんどを一緒に過ごしたという。

「大学時代のどの思い出にも亜弥がいるのよ」と舞美さんは懐かしそうに話す。

青春時代を共に謳歌した二人は、やがて就職活動の時期を迎える。ちょうどリーマンショックの影響で就職氷河期に突入した頃だった。

熾烈《しれつ》な戦いを励まし合いながら乗り切った二人は、それぞれが希望する会社の内定を勝ち取ることができた。

「私は地元、亜弥は大手スポーツメーカーの東京本社配属で」

まとまった休みが取れれば新幹線に乗り、互いの自宅へ遊びに訪れるような関係が続いていた。

亜弥さんから「新しい部署への異動が決まった」と連絡を受けたのは、就職して三年ほど経った頃だ。異動先が舞美さんの地元だと聞いたときは飛び上がるほど喜んだ。

次の四月、舞美さんはさっそく引っ越し祝いを片手に事前に教えられていた住所を訪れた。

亜弥さんが新居に選んだのはファミリー向けのマンションだった。大阪の中心街にほど近く、それでいて閑静な住宅街にマンションはある。

彼女いわく、タイミングよく部屋が空いていて想定よりも安く借りることができたのだそうだ。

「亜弥は元々こだわりが強いタイプでね。『東京（向こう）では狭いワンルームだったから』って広い部屋を選んだみたい。家賃もそれなりらしいけど、給料も上がるし心配要らないって」

部屋へ通され、リビングに足を踏み入れると部屋の広さにまず驚かされた。大きく採られたベランダからは日の光が充分に入り眺めも悪くない。

これだけの部屋であれば、聞いていた家賃を考えてもかなり安い気がする。二十代の一人暮らしにはもったいないほどの住まいだ。

手土産を渡し、ソファでくつろぎながら亜弥さんが淹れてくれた珈琲を飲んでいると、部屋の片隅にあるものを見つけた。

黄色いアヒルの形をした子供用のおもちゃ。

プラスチック製で頭の部分に赤い紐が付いている。足はタイヤになっていて、頭の紐を引いて歩くと、コロコロと後ろを付いてくるものだ。

どこにでもあるようなありふれたものだが、女性の一人暮らしには似つかわしくない。

なんでこんなものが置いてあるのか。

舞美さんの視線に気づいた亜弥さんが口を開く。

「あれね」

引っ越して早々、寝室のクローゼットの中に転がっているのを見つけたらしい。おそらくは、前にこの部屋に住んでいた子供か誰かの忘れものなのだろう。

「もう捨てちゃっていいよね？」

確かに見ず知らずの子供の忘れものだ。大事に取っておく道理はない。

しかし、舞美さんにはそのとき持ち主である子供のことがなんとなく不憫《ふびん》に思えてしまった。

「管理会社に連絡してあげたら？　お気に入りのおもちゃだったらかわいそうだよ」

「あー、それもそうだね」

亜弥さんは棚から百貨店か何かの紙袋を取り出し、そこへアヒルを無造作に放り込んだ。


それから数日した頃に再度、亜弥さんから連絡を受けた舞美さんは、再びマンションを訪れていた。

玄関のドアが開き、中から亜弥さんが顔を出したのだが、少しやつれているような印象を受けた。しかしそれ以上に気になることがあった。

「下水のニオイっていうのかな……それが結構酷くって。ほらマンションって、下水のニオイが排水溝を伝って上がってくることがあるでしょ？　綺麗なマンションだけどやっぱりそういうのはあるんだなって」

手土産を渡し、靴を脱ぐ。そのまま廊下を抜けてリビングを覗いた瞬間、視界に飛び込んできた光景にたじろいだ。

カーテンが閉め切られた暗いリビングに、足の踏み場が無いほど物が散乱している。

前回の訪問から数日しか経っていない。

何をどうすれば、ここまで散らかるのか——。

それに、玄関とは比べものにならないほどの酷い臭いがリビングに充満している。

キッチンからはガリガリと豆の挽く音とコーヒーの香りが漂い、それが部屋全体の悪臭と混ざって余計に胸が悪くなった。

——なんなの、これ。

あまりの惨状に立ち尽くしていると、あることに気づく。

カラフルなボール。使い古しのクレヨン。汚れたぬいぐるみ。

散乱しているもの全てが、子ども用のおもちゃなのだ。

部屋全体が、まるで巨大なおもちゃ箱をひっくり返したような異様な状況だった。

真っ先に頭に浮かんだのは「鬱」という言葉だ。

もしかすると亜弥には私が知らない事情があって、酷い精神状態にあるのではないだろうか？　やつれた顔も、部屋の惨状もそういう心の不調が現れていると考えれば、納得がいく。今日こうして呼びつけられたのも、何か重大な相談ごとがあってのことではないのだろうか？

「亜弥……あんた大丈夫？」

キッチンにいるはずの亜弥さんに声をかけるが返事がない。

亜弥さんを探し周囲を見渡す。そのとき何かをぐにゅ、と踏んだ感触があった。見ると足元には青いホースが伸びている。それがキッチンとベランダを繋いでいた。

ベランダの、閉じたカーテンの隙間から外の光が漏れ込んでいる。

「ねぇ……とりあえずカーテン開けるよ？」

姿のない亜弥さんへ声をかけると同時にカーテンを引いた。

ベランダには水の溢れた子ども用のビニールプールがあった。

そこにホースが突っ込まれ、水が溜まっている。

水面にはふやけた一万円札と千円札が散乱し、くるくると渦を巻いて浮かんでいた。

――おさいせんだよお！

突然背後に駆け寄ってきた亜弥さんが、ひゅるっと腕を伸ばしプールに何かを投げ込んだ。

ぼちゃちゃちゃちゃっ！

音を立てて数枚の小銭が沈む。

亜弥さんの息が首筋に触れる。

「毎日毎日」

「そこら中に置いてあるの。だから全部返してあげようと思って。『お気に入りのおもちゃだったらかわいそう』って、この前言ってたでしょう？」

返すって誰に――。

亜弥さんに視線を向けた瞬間、全身が総毛立った。

まるで妊娠でもしてるかのように、亜弥さんの腹部が大きく膨れ上がっていた。

亜弥さんはその腹を両手で愛おしそうに抱えている。

ありえない。さっきまでの体型と明らかに違う。

「それで……とにかく怖くて。『ここに居ちゃいけない』って……」

そのままソファに置いたカバンをひったくるようにして玄関へ向かった。

玄関で靴を履くため視線を落とすと、自分のパンプスの横になぜか子ども用の靴が一足あった。

背後でペタペタと裸足で何かが走り回るような音が響き、リビングからは「まてまてまて～！」という楽しげな亜弥さんの声が聞こえてきた。

その後、どうやって家まで辿り着いたのかも曖昧だった。

気づけば舞美さんは自室の玄関先でへたり込んでいた。

この一件以来亜弥さんとの連絡を一切絶ってしまった。けれど、一度だけ亜弥さんのマンションの前を車で通りかかったことがある。

十階建ての最上階。

見上げるとベランダには大きな青い鯉のぼりが見えた。

「なんとなく、亜弥はまだあの部屋にいるんだって。でも、もうだめなんだってわかったの。だから見捨てたのよ。だってあんなの」

——もう手遅れでしょう?

あとがき

このたびは『令和怪談集 恐の胎動』を手に取っていただき誠に有難うございます。本書は私、クダマツヒロシの初単著となります。

タイトルに冠している「胎動」とは、生まれる前の母胎内部での胎児の動きであり、または物事が内包する事の始まりを指す言葉ですが、我ながら初単著に見合ったとても良いタイトルだなと気に入っています。収録した怪異譚もこうして並べてみると、実にバラエティに富んだ話が揃えられたのではないかと自負しており、それらが少しでも読者皆様の心に触れられたのならこれほど嬉しいことはありません。

二〇二三年四月。マンスリー特別企画「瞬殺怪談コンテスト」にて恐れ多くも黒木あるじ賞、平山夢明賞を頂いてから、およそ十ヶ月——。短期間での単著発売という機会を与えて頂けたことに感謝すると同時に、大きなプレッシャーを感じたことも事実です。とはいえ、お読み頂く以上はしっかりと読者様の御首を頂戴するというのが信条です。恐怖に慄き、ボトリと落ちて横一列に並べられた無数の読者様の首。そんな景色を想像しながら「首が欲しい、あぁ首が欲しい」と半ば呪詛のように呟き、刀を研ぎ続けて完成したものが本作です。諸先輩方のように業物で一刀両断、とはいきません。なにぶん未熟者のナマクラ刀ゆえ、手を替え品を替え、何度も執拗に皆様のうなじ目がけて刃を振り下ろしますこと何卒ご容赦下さい。あぁもう、切り口がぐちゃぐちゃですね。でもご安心を。落としてしまえば皆一緒です。

そんな意気込み、執念と呼べるほどの強い思いが本書には込められております。願わくば「恐の胎動」という愛おしい我が子が、末永く皆様に愛されますよう願っております。

最後になりましたが、編集担当者様、刊行に携わって下さった方々、推薦コメントをくださったたぁみさん、先輩作家の方々、そして何より応援して下さる読者の皆様へ心より御礼申し上げます。それではまた近いうちに御首を頂戴しに伺います。それまでどうかお元気で。

クダマツヒロシ

★読者アンケートのお願い

本書のご感想をお寄せください。
アンケートをお寄せいただきました方から抽選で
5名様に図書カードを差し上げます。
（締切：2024年3月31日まで）

応募フォームはこちら

令和怪談集 恐の胎動

2024年3月7日　初版第1刷発行

著者……クダマツヒロシ
デザイン・DTP……延澤武
企画・編集……Studio DARA

発行所……株式会社 竹書房
〒102-0075　東京都千代田区三番町８－１　三番町東急ビル６F
email：info@takeshobo.co.jp
https：//www.takeshobo.co.jp
印刷所……中央精版印刷株式会社